学習者の思考力を高めるプログラミング教育の学習支援

宮川洋一 著
森山 潤

風間書房

はじめに

　本書は筆頭著者である宮川洋一が平成20年3月兵庫教育大学大学院連合学校教育学研究科から博士（学校教育学）を授与された学位請求論文「プログラミングにおける問題解決過程の分析に基づく学習支援システムの開発―イベントドリブン型の言語を活用した学習指導に焦点を当てて―」の内容をベースに，近年の動向を踏まえて加筆・修正したものである。刊行に際しては，独立行政法人日本学術振興会平成27年度科学研究費助成事業（科学研究費補助金）（研究成果公開促進費　課題番号：15HP5206　代表者：宮川洋一）の交付を受けた。

　近年，情報分野のイノベーション創出を図る人材育成の視点から，初等・中等教育におけるプログラミング教育が脚光を浴びるようになってきた。国は「世界最先端IT国家創造宣言」を閣議決定するなど，初等・中等教育段階におけるプログラミングに関する教育に本腰を入れる構えである。一方，このようなイノベーションの創出という観点からではなく，プログラミングを思考法の教育ツールとして活用しようとする考え方も再びクローズアップされてきており，関連書籍が刊行されている。

　筆者2名は，パーソナルコンピュータがようやく庶民の手に入る価格になってきたころから，有用なツールであるとの認識とともに，プログラミング（プログラムの作成）は教育的に価値のある学習素材であるとの認識を強くもっていた。また，プログラミングは必ず技術科教育に根付くという思いをもちながら，地域は異なるが長年中学校の技術・家庭科の教員として教壇に立ってきた。

　平成元（1989）年告示の中学校技術・家庭科の学習指導要領にて，はじめて「情報基礎」が位置づいた。これは選択的に取り上げる領域であったが，

時代の趨勢との認識から多くの学校が取り上げていた。この「情報基礎」で取り上げられていた学習の多くはプログラミングであった。その一方で，プログラミングの学習は，これまでの本教科の学習，手と頭を使うものづくりの学習とは何か違うという違和感を覚えた技術・家庭科教員も多く，「情報は嫌い」と明言する教員も数多くいた。

宮川は，大学院修士課程の研究で，当時の Disk Basic を Windows のような環境で取り組むことのできる BASIC 言語環境を開発し，中学生を対象として実践，教育効果の検証を行った。この際，この言語環境を開発した言語は C++，開発環境は Borland C++ Builder であった。参考書籍を片手に C++ にてプログラミングをして，このアプリケーションソフトの作成に没頭したのだが，この際に感じたことは，ソフトウェアはきれいなアルゴリズムのみでは作成できない，コーディングの段階においても技術的な問題は多数発生するという現実であった。そして，目的となる動作を目指して最適解を適用する，まさに技術の問題解決的な学習そのものであった。この経験からプログラミングは，間違いなく技術科が教育対象とする「技術」であると確信した。平成10（1998）年度告示の中学校学習指導要領技術・家庭科における「B情報とコンピュータ」(6)「プログラムと計測・制御」は，選択的に扱う内容であったが，3年生の標準配当時間をすべてこの内容に充てたのも，このような思いからであった。本書のベースとなっている実践は，この時得た自分なりの信念が根幹となっている。

教材研究は，「素材の研究」，「学習者の研究（実態把握）」，「教材化の研究」という3本柱で成り立っている。本書における研究は，「学習者の研究（実態把握）」を学術的なアプローチから迫り，「教材化の研究」を実施して，「実践的検討」へと至る一連の流れとなっている。本書は，緒論と結論を含めて全10章により構成されている。

第1章（緒論）では，プログラミング教育について，中学校技術・家庭科を中心とした教育実践及び先行研究の動向を把握して研究課題を設定した。

この研究課題に対して，第3章から第9章において，イベントドリブン型プログラミングの問題解決過程やシステムを活用した学習支援の方策を具体的に検討した．これに先立ち，第2章では，本書における研究がどのような題材開発の基に推進されたのかを読者にご理解いただくために，題材の設定についてある程度詳しく述べた．

第3章及び第4章では，イベントドリブン型プログラミングにおける問題解決過程の特徴を構造的に把握した．ここでは，21項目の「イベントドリブン型プログラミングにおける問題解決過程を記述するカテゴリ」を抽出した上で，測定尺度を設定し，中学生を対象として因子分析を実施して6因子を抽出した．

第5章及び第6章では，イベントドリブン型プログラミングにおける知識構造の役割について検討した．ここでは，基礎的なプログラミングに必要な「コントロール活用」，「制御構造」，「演算・式」という三つの知識クラスタを設定した上で，プログラム作成能力との因果関係を検討した．次に，知識構造と問題解決過程との関連を，共分散構造分析を用いて検討した．

第7章及び第8章では，前章までの分析結果に基づいて，具体的な学習支援システムの開発及び効果の分析を行った．ここでは，まず，第5章及び第6章の結果に基づいて，個々の生徒における知識の個人内構成を促進するために，制御構造等に関する基礎的知識やトラブルシューティングに活用できる内容について，Webベースで動的に参照できるシステムを開発した．続いて，第4章及び第5，6章の結果に基づいて，生徒間の相互作用による知識の共構成を促進するために，問題解決の状況を登録・共有するシステムを開発した．

第9章では，第7章及び第8章で開発した二つの学習支援システムを，同時に導入した学習指導を試行的に実践して教育効果の検討を行った．

第10章（結論）では，本研究で得られた上記の結果を整理するとともに，今後の教育実践への示唆として，①プログラミング教育においては，プロダ

クトのリアルさ，自己の体験からのアナロジーによる技術や技術者に対する認識の深化，習得から自律，模倣から工夫・創造へと向かう問題解決の展開等の観点から，題材設定の方略を体系化することの重要性，②生徒の問題解決能力の発達可能性を拡充していく上で，学習状況を把握し，学習支援システムをマッチングさせる「場」を，題材上に適時的に設定していくことの重要性を論じた。

　本書を技術教育，情報教育，教育工学を専門としている研究者の方々，日々児童・生徒と接して授業を展開されている先生方，これから教師を目指そうとしている学生の方々に，ぜひお読み頂きたいと願っている。そして本書が，今後の学校現場での教育実践に少しでもお役に立つのであれば，望外の喜びである。

宮川洋一

目　次

はじめに

第1章　緒　論
1. 本研究の目的 …………………………………………………… 1
2. 研究の背景 ……………………………………………………… 1
   2.1 学校におけるプログラミング教育
   2.2 プログラミング技法の変化と教材としてのプログラミング言語
3. 研究の位置づけ ………………………………………………… 8
4. 先行研究の整理 ………………………………………………… 13
   4.1 プログラミングにおける問題解決
   4.2 技術科におけるプログラミング学習の実践研究
   4.3 イベントドリブン型の言語を活用したプログラミングを対象とした研究
   4.4 コンピュータを活用した学習支援システム
5. 研究のアプローチ ……………………………………………… 27
   5.1 問題の所在
   5.2 研究の計画

第2章　初歩のプログラミング教育における題材開発
1. 目　的 …………………………………………………………… 33
2. 題材の設定 ……………………………………………………… 33
   2.1 素材の検討
   2.2 題材の目標
   2.3 評価計画

2.4　題材の展開
　　2.5　各段階の学習の進め方
　3. 実験課題の設定 …………………………………………………… 44
　4. 実験・調査を実施する上での配慮事項 ………………………… 45

第3章　イベントドリブン型の言語を活用したプログラミングにおける問題解決過程の質的分析

　1. 問題と目的 ………………………………………………………… 47
　2. 方　法 ……………………………………………………………… 48
　　2.1　被験者
　　2.2　課　題
　　2.3　実験の手続き
　　2.4　分析の手続き
　3. 結果と考察 ………………………………………………………… 49
　　3.1　プログラム作成作業を記述するカテゴリの設定
　　3.2　カテゴリ間の被験者別出現頻度
　　3.3　カテゴリ間のクロス集計
　　3.4　プログラム作成作業の時系列的展開
　　3.5　プログラム作成作業における課題分割方略
　4. まとめ ……………………………………………………………… 67

第4章　イベントドリブン型の言語を活用したプログラミングにおける問題解決過程の構造分析

　1. 問題と目的 ………………………………………………………… 69
　2. 方　法 ……………………………………………………………… 70
　　2.1　調査対象者
　　2.2　手続き

3. 結果と考察 …………………………………………………………… 71
　　3.1　問題解決過程の構成因子
　　3.2　問題解決過程の特徴
　　3.3　プログラム作成能力との関連性
　4. まとめ ………………………………………………………………… 80

第5章　イベントドリブン型の言語を活用したプログラミングにおけるプログラム作成能力と知識構造との関連

　1. 問題と目的 …………………………………………………………… 83
　2. 方　法 ………………………………………………………………… 85
　　2.1　調査対象者
　　2.2　調査の位置
　　2.3　手続き
　3. 結果と考察 …………………………………………………………… 91
　　3.1　知識構造得点の群別間における作成能力点の差異
　　3.2　プログラム作成能力に対する知識構造の影響
　4. まとめ ………………………………………………………………… 93

第6章　イベントドリブン型の言語を活用したプログラミングにおける知識構造と問題解決過程との関連

　1. 問題と目的 …………………………………………………………… 95
　2. 方　法 ………………………………………………………………… 96
　　2.1　調査対象者
　　2.2　調査の位置
　　2.3　手続き
　3. 結果と考察 …………………………………………………………… 97
　　3.1　知識構造得点の水準と問題解決過程との関連

3.2　知識構造と問題解決過程との因果関係
　4.　まとめ……………………………………………………………103

第7章　イベントドリブン型の言語を活用したプログラミングにおける学習を支援する Web コンテンツの開発
　1.　問題と目的………………………………………………………105
　2.　Web コンテンツの開発…………………………………………106
　　2.1　コンテンツの構造
　　2.2　各カテゴリのコンテンツ
　3.　評価方法…………………………………………………………112
　　3.1　調査対象者
　　3.2　手続き
　4.　結果と考察………………………………………………………114
　　4.1　Web コンテンツに対する参照数
　　4.2　Web コンテンツに対する参照形態
　　4.3　Web コンテンツ利用と問題解決過程との関連
　　4.4　Web コンテンツの活用事例
　5.　まとめ……………………………………………………………122

第8章　イベントドリブン型の言語を活用したプログラミングにおける生徒間の相互作用を促す学習支援システムの開発
　1.　問題と目的………………………………………………………125
　2.　システムの開発…………………………………………………127
　　2.1　開発システムの基本構想
　　2.2　開発環境・言語
　　2.3　学びあい検索システムの概要

3. 評価方法……………………………………………………………131
　3.1 学びあい検索システムの利用期間
　3.2 事例検討のための記録収集の方法
　3.3 システム評価
4. 結果と考察……………………………………………………………132
　4.1 学びあい検索システムの活用事例
　4.2 学びあい検索システムが作品の質的向上に与える影響（システム評価1）
　4.3 学びあい検索システムの利用用途（システム評価2）
5. まとめ…………………………………………………………………138

第9章　イベントドリブン型の言語を活用したプログラミングにおける生徒の問題解決を促す学習指導の試行的実践

1. 問題と目的……………………………………………………………139
2. 方　法…………………………………………………………………140
　2.1 調査対象者及び群分け
　2.2 システム使用期間
　2.3 調査の手続き
3. 結果と考察……………………………………………………………141
　3.1 分析の準備
　3.2 学習指導における学習支援システムの効果
　3.3 学習支援システムに対する生徒の感想
4. まとめ…………………………………………………………………150

第10章　結論及び今後の課題

1. 本研究で得られた知見及び結論……………………………………151
　1.1 イベントドリブン型の言語を活用したプログラミングにおける問題解決過程の構造

  1.2　イベントドリブン型の言語を活用したプログラミングにおける知識構造とプログラム作成能力及び問題解決過程との因果関係
  1.3　イベントドリブン型の言語を活用したプログラミングにおける学習支援システムの開発
  1.4　イベントドリブン型の言語を活用したプログラミングにおける生徒の問題解決を促す学習指導の試行的実践
  1.5　結　論
 2.　本研究で得られた知見に基づく教育実践への示唆……………………156
  2.1　情報技術教育における題材設定の重要性について
  2.2　生徒の学習を支援する二つのシステムの関連性について
 3.　まとめと今後の課題………………………………………………………160

参考文献………………………………………………………………………163
本研究に関連する論文等……………………………………………………173
謝　辞…………………………………………………………………………175

第1章
緒　論

1. 本研究の目的

　本研究の目的は，中学生を対象とし，GUI (Graphical User Interface) 環境におけるオブジェクト指向（オブジェクトベース）のイベントドリブン型の言語を活用したプログラミングにおいて，問題解決過程と知識構造，プログラム作成能力との因果関係に基づいて，生徒の学習を支援するシステムを開発し，授業実践を通して，その効果を検証することにある。

2. 研究の背景
2.1 学校におけるプログラミング教育

　我が国の学校教育，特に義務教育段階の教育課程にプログラミングを明確に位置づけている教科・領域は，唯一，中学校技術・家庭科技術分野（以下，技術科）のみである。

　平成20（2008）年告示の学習指導要領では，技術科において，プログラミングに関する内容として，「D 情報に関する技術」(3)「プログラムによる計測・制御」をすべての生徒に履修させる内容として位置づけている[1]。また，学校教育活動全体で取り組む情報教育では，「情報活用の実践力」，「情報の科学的な理解」，「情報社会に参画する態度」の三つの柱を体系的に推進することが示されており，技術科は主に「情報の科学的な理解」を中心に推進することを標榜している[2]。

　情報処理学会の一般情報処理教育部会が策定した，情報処理を専門としない利用者の立場が主となる大学生に対するプログラミング教育に関する研究報告書[3]には，プログラミング教育の表記について，「プログラミング」教

育とプログラミング教育との違い（「　」があるかないか）が示されている。前者は，特定言語の習得を目的とするのではなく，情報科学の基本的な概念を理解させるための教育であり，後者は，特定言語の習得を目的としたプログラマを養成するための教育である。一方，プログラミングという用語は，職業プログラマが市場向けに製品として供給する高度なプログラムを作成する作業，あるいは，比較的大規模なプログラムを作成する過程を指す場合に用いられるという指摘がある[4]。

技術科におけるプログラミングに関する教育は，一般普通教育における「情報の科学的な理解」を促進する取り組みであり，上記の用語に対する議論を踏まえると，「プログラミング」教育と表記するか，プログラミングという用語そのものは使用しないことが考えられる。しかし，これらの議論は単に用語に対する定義の問題ではなく，むしろプログラミングの教育内容に対する方向性を議論した問題であると捉えることができる。

そこで，本書では，これらの議論を十分踏まえ，技術科におけるプログラミングに関する教育の性格を十分理解した上で，直接文献引用した部分は除き，表記を簡略化する観点から，一般普通教育におけるプログラミングに関する教育を，単にプログラミング教育，その学習をプログラミング学習と表記することにする。

近年，情報分野のイノベーション創出を図る人材育成の視点から，初等・中等教育におけるプログラミング教育が脚光を浴びるようになってきた。例えば，政府は平成26（2014）年に「世界最先端IT国家創造宣言」を閣議決定し，その中で「初等・中等教育段階におけるプログラミングに関する教育の充実に努め，ITに対する興味を育むとともに，ITを活用して多様化する課題に創造的に取り組む力を育成することが重要」と述べている[5]。松林は，このような政府の成長戦略と合わせて，第二のビル・ゲイツ，マーク・ザッカーバーグを生みだすために，子どもにプログラミングを習得させるべきだと語る人が増えてきていることを指摘している[6]。一方，清水は，プログラ

ミングを「人類の叡智」であると述べ，プログラミングをすぐれた知恵や深い知性という捉えからさらに深め，「叡智」という文字を用いて，真実在や真理を捉えることのできる最高の認識能力という定義をしている。その上で，プログラミングの思考は，私たちの日常生活のあらゆる場面で活用されることを示し，すべての人にとっての教養教育としてのプログラミングに着目している[7]。このようなプログラミング教育への価値づけは，今に始まったものではなく，以前からも存在していた。梅棹は，昭和44（1969）年刊行書籍「知的生産の技術」において「社会が，いままでのように人間だけでなりたっているものではなくなって，人間と機械が密接にむすびあった体系という意味」において，「プログラムのかきかたなどが，個人としてのもっとも基本的な技能となる日が，意外にはやくくるのではないかとかんがえている」[8]と述べている。この考えは，プログラミングの価値を技術（テクノロジー）の教養教育という視座から捉えている点において意義深いものである。このような技術（テクノロジー）の教養教育，イノベーション創出を図る人材育成，国家の成長戦略，万人の一般教養教育等も含め，再びプログラミングの潜在的な教育的価値が見直され，今脚光を浴びているのである。

　プログラミング教育のような情報分野における技術イノベーション力育成の動向は，我が国に限ったものではない。平成25（2013）年には，米国のバラク・オバマ大統領が，同年12月に開催されたComputer Science Education Weekにビデオメッセージを寄せている。このメッセージでは，米国国民すべての人にプログラミングの大切さを伝えようとしている[9]。また，これに先立ち米国では，Computer Science Teachers Association（CSTA）が，平成23（2011）年にCSTA K-12 Computer Science Standards（以下，CSS）を刊行している[10]。これは，米国の初等・中等教育におけるコンピュータ・サイエンス及びその関連する学科の学習指導を支援するために，同学会とACM（Association for Computing Machinery）が協力して作成した教育課程基準である。CSSでは，教育課程基準を，幼稚園から第6学年までのレベル

表 1-1 CSS における教育課程基準

レベル 1 （K-6）	レベル 2 （6-9）	レベル 3 （9-12）
コンピュータ・サイエンスと私	コンピュータ・サイエンスとコミュニティ	現代社会におけるコンピュータ・サイエンス
		コンピュータ・サイエンスの概念と実践
		コンピュータ・サイエンスにおけるトピック

1，第6〜9学年のレベル2，第9〜12学年のレベル3に分け，表1-1のような内容構成を示している。

　そして，これらの各内容に対して，五つのストランド［計算科学的な思考・協働・コンピュータの実践とプログラミング・コンピュータとコミュニケーション機器・世界的コミュニティと倫理的影響］を設定し，両者の組み合わせから各レベルで取り上げるべき具体的な学習内容を示している。我が国の中学校に相当するレベル2：第6〜9学年「コンピュータ・サイエンスとコミュニティ」では、［コンピュータの実践とプログラミング］ストランドとして，反復処理，条件分岐処理，順次処理などのアルゴリズム，変数や関数の操作を含むプログラミングが示されている。また，プログラミングによるオープンエンドで創造的，かつ忍耐を必要とする問題解決のプロセスを経験することなどが示されている。

　このようにCSSでは，計算科学とその関連技術の本質，実践，社会的影響を総合的に扱うコンピュータ・サイエンス教育という観点から，情報分野における技術イノベーション力育成を体系的に進めようとしており，その中に，プログラミングが問題解決という視点から明確に位置づけられている。

2.2　プログラミング技法の変化と教材としてのプログラミング言語

　これまで，義務教育段階におけるプログラミング教育で使用されてきた教

材の代表は，LOGO と BASIC である。また，近年では Scratch が注目されるようになってきている。LOGO は，1967年に Papart を中心とするマサチューセッツ工科大学（MIT）のグループにより開発された教育用言語であり[11]，タートルグラフィックと人工知能言語 LISP の基本部を取り入れたリスト処理を特徴とする[12]。タートルグラフィックを活用したプログラミングの場合，タートルの動いた軌跡がディスプレイ上に残ること，つまり，プログラミングの結果がわかりやすいことや，少ない概念でプログラミングができることから，小学校におけるプログラミング教育の教材としても多く利用された。例えば，松田らは，情報教育を目的とした小学校高学年向けの LOGO カリキュラムと教材を開発し，教員に対して研修を行った上で，授業実践を行い，評価を行っている[13]。また，LOGO は，問題解決力の育成を目的として開発されたことから，技術科における授業のほかに算数・数学における思考・表現のための道具として利用されることもあった[14]。

Scratch は，LOGO を開発した MIT において，Mitchel Resnick が主導するライフロング・キンダーガーテン・グループ[15]によって開発されたプログラミング言語環境であり，一連のプロジェクトである[16]。この言語環境は，扱いやすく，無償で提供されていることから，近年日本の教材メーカーもロボット教材のプログラミング環境として採用している[17]。

一方，BASIC は，1964年にダートマス大学の Kemeny と Kurtz によって開発された対話型言語である。もともと初心者用のプログラミング言語として設計され，パブリックドメインとして配布したことから，同時期のプログラミング言語とは異なる広がり方をした。例えば，Gates と Allen は，1975年にアルティアというインテルの8086CPU を搭載したコンピュータで動作する BASIC を開発した。このことをきっかけに，BASIC は，インタプリタとしてマイコンやパーソナルコンピュータ（以下，パソコン）の標準的プログラミング言語として使用されるようになった[18][19]。BASIC はインタプリタの扱いやすさと，パソコン用 OS が広く定着するまで，標準添付されていた

言語ソフトウェアとして，多くの学校において，プログラミング教育の教材として利用された。また，パソコンの標準的な OS が MS-DOS となった時代においても，特別なソフトウェアを購入する必要がない手軽さから，標準添付されていた BASIC は，しばらく利用されることになった。平成元 (1989) 年に告示された中学校技術科の学習指導要領で位置づいた「情報基礎」[20]では，解説事例として BASIC を用いた展開が具体的に示されており[21]，山口が和歌山県の全公立中学校を対象に行った調査でも明らかなように，日本の場合，LOGO よりも BASIC を教材として用いる学校が多かった[22]。

このように多くの学校で使用された BASIC は，1970年代以前の職人芸的なプログラミングの時代に設計された言語であり，以後プログラミングパラダイムの中心となる「構造化プログラミング」(Structured Programming) に対応していない言語として，しばしば教材として取り上げることに疑問を呈された。例えば，吉本らは，情報基礎の学習を情報科学の学習の核と位置づけ，アルゴリズム学習の重要性を指摘するとともに，BASIC は構造化されていない言語であり，アルゴリズムの学習にはふさわしくないと指摘した[23]。Bork は，BASIC で構造化プログラミングを教えることは不可能ではないと前置きをした上で，極めて困難なことであると指摘した。そして，BASIC の経験のある学生に良いプログラミングを教えることは不可能であり，BASIC を教えるなと主張した[24]。このような考え方は，少なからず技術科におけるプログラミング教育にも影響を与えた。

「構造化プログラミング」とは，プログラミングの基本的な技法で，順次・分岐・反復という三つの標準的な制御構造のみを使い，プログラム全体を段階的に細かな単位に分割して処理を記述していく手法であり，1967年にオランダの Dijkstra らによって提唱された。Dijkstra は，Bohm と Jacopini によって提唱された「一つの入口と一つの出口をもつプログラムは，順次・選択・反復の三つの論理構造によって記述できる」という「構造化定理」を証明した[25]。順次・分岐・反復という三つの標準的な制御構造は，プログラ

ミングの基礎的内容として，近年の学習指導要領解説書においても，指導する内容として位置づいている。

　1985年から発売されたMicrosoft Windows Operating System（以下，Windows）は，マウスなどのポインティングデバイスを活用するGUI（Graphical User Interface）環境のOSであり，特に，1995年に発売されたWindows95を契機に，パソコンが，万人に使用される家電製品としての位置づけを確立することになった。1980年代になるとプログラミングパラダイムとして「オブジェクト指向プログラミング」が注目されるようになり，90年代後半のWindowsの普及とともに，プログラミング技術は大変高度となっていった。専門家以外がソフトウェアを実務で作成する必要性がなくなったことや，インターネットの普及などにより，教育内容として「メディアリテラシー」に関心が高まる中[26]，中学校におけるプログラミング教育は一時衰退していった。

　「オブジェクト指向プログラミング」（Object Oriented Programming：OOP）とは，データとそれを操作する手続き（メソッド）をオブジェクトと呼ばれるひとまとまりの単位として一体化し，オブジェクトの組み合わせとしてプログラムを記述するプログラミング技法であり，プログラムの部分的な再利用がしやすくなるなどのメリットがある。近年のWindows用ソフトウェアを開発するために用いられるC++，C#などの言語は，その多くが，オブジェクト指向言語である[27]。

　一方，一般的にWindowsのようなGUIを備えたソフトウェアでは，キーボードを押す，マウスをクリックするなどのユーザの操作（イベント）に対応して，処理を行うプログラム，イベントドリブン（イベント駆動）型のプログラムで構成されている。近年，Windows上におけるプログラミング環境として主流となっている，Microsoft Visual Basic（以下，VB）やVisual C++，Borland C++といった製品は，フォーム上にあらかじめ用意された各種のコントロール（オブジェクト）を配置して，それらのプロパティが変

更されたり，マウスでクリックされたりするなどイベントが発生した場合の処理をコーディングしていくことでプログラムを作成していく（オブジェクト指向のビジュアルプログラミング[28]）。つまり，GUI環境における，オブジェクト指向とイベントドリブン型に対応したプログラム言語である[29]といえる。また，これらに共通していることは，統合開発環境（IDE）のような高機能な開発環境によるプログラミングの自動化や，視覚的なユーザインターフェースの設計，モジュール開発などの機能を備えるRAD（Rapid Application Development）というソフトウェアの開発を容易にする仕組みを備えていることである。例えば，Windows対応のソフトウェアを作成する際に必要となるグラフィックの描画など，GUIを実現するときに付随する定型的な管理はオブジェクト内部で行なわれ，ユーザがコーディングする必要がないため，複雑なGUIを利用したプログラムを簡単に作成することができる特徴がある。

本研究は，中学校技術科におけるプログラミング学習の教材として，既述した「GUI環境におけるオブジェクト指向（オブジェクトベース）のイベントドリブン型の言語」を取り上げるものである。この言語を活用したプログラミングを以後，「イベントドリブン型の言語を活用したプログラミング」と表記する。

3. 研究の位置づけ

中学校技術科におけるプログラミングの授業は，生徒が課題の内容を論理的に分析し，その機能についてプログラム言語や疑似言語等を用いて実現するという問題解決の過程を重視して行われる。その具体的な実現方法として，現在四つのアプローチを見いだすことができる。

第一のアプローチは，これまでの学習環境をそのまま維持する方法である。これは，従来のLOGOやBASICがWindows上で動作する環境を利用し，プログラミング学習の教材とするものである。この方法は，プログラミング

で特に大切な概念はアルゴリズムであるとして，あくまでもプログラミングそのものの概念を習得させるところに価値を見いだす方法である。この方法のメリットは，これまでの研究成果をそのまま生かせることや，指導する教師の負担が少ないことである。

　第二のアプローチは，現在のプログラミングパラダイムのキーとなっている，オブジェクト指向に着目した方法である。兼宗らは，2世代も前のLOGOやBASICというプログラミング言語が使用されていることについて，現代におけるコンピュータシステムのさわりすらうかがい知ることができないことや，作成したプログラムが日常接しているソフトウェア製品とは決定的に隔たったものにしか見えないことを指摘し，プログラミング学習の価値と学習者の学ぶ必要感という観点から，学校教育用オブジェクト指向言語「ドリトル」を開発している[30]。また，実際にドリトルを用い，プログラミング経験の少ない中学生を対象として，情報教育を実施し，定期試験やアンケートに基づく調査研究を行った。この調査においては，①プログラミングの制御構造（反復），メソッドの呼びだしなど，プログラミングの基本概念の他，ボタンへの動作メソッドの定義やタイマーを用いたスレッドなどを扱える，②学級単位などで行われる通常の集団教育において授業が成立した，③クラスの定義を用いずに，オブジェクトを複製によって生成するプロトタイプ方式の採用が，オブジェクト指向言語に対する敷居を下げる，と指摘する。また，授業実践からは，①「ボタンを押すと何らかの動作が起きる」形のプログラミングに多くの生徒が興味を示したこと，②GUI部品を利用したペイントソフト等の作品により，生徒たちは実社会で利用されているソフトウェアと，自分たちが学んだプログラミング学習を結びつけることができたこと，を知見としてあげている[31]。兼宗らの実践の特徴は，義務教育の段階において，発達段階を踏まえた上で，ドリトルという学校教育用オブジェクト指向言語を開発し，オブジェクト指向の概念を指導しようと試みているところにある。義務教育の段階におけるオブジェクト指向言語に着目した取

り組みでは，Smalltalk[32]を使用してのGorldbergやKayなどの実践がある。Gorldbergは，Smalltalkを学ぶためのサンプルや教材例の紹介をしている[33]。Kayの取り組みは，通常の授業形態で行われたものではなく，研究室における個別指導の範疇で行われている[34]。これに対し，兼宗らの実践は，教室における通常授業の形態で行われているところにも特徴がある。この実践からは，プログラミング初学者に対しては，①イベントドリブン型の言語を活用したプログラミングの有効性，②プログラミング学習が日常生活と結びつくような実践，言い換えれば，生徒の日常生活レベルにおけるプログラミング学習の有用性を認識させる実践の必要性が示唆されている。

　第三のアプローチは，テキストベースの言語を使用するのではなく，図形や矢印などをソースコードとして使用する方法である。代表的なものとして，LEGO MindStormsに付属するプログラミング環境がある。LEGO MindStorms[35][36]とは，ブロックで有名なLEGO社が1998年に販売を開始したロボット教材である[37]。この教材には，データフローモデルのグラフィカルなプログラミング環境が付属しており，あらかじめ用意されているコマンド群から命令を選び，組み合わせていくことによりプログラミングを行う[38]。瀬川らは，中学校技術科におけるコンピュータ利用の制御教材としてプログラミング積木を取り上げ，学習指導要領との関連や部活動における試行を実施して，教材の特性を紹介している[39]。また，村松らは，指導時間の短縮を可能とする制御用簡易言語を開発している。これにより，生徒は命令文を覚える必要がなく，アルゴリズムの工夫だけに集中できると考えている。この研究では，研修会に参加している12名の教師による評価を行い，時短効果を確認している[40]。命令や命令群をテキストベースではなく，図形や矢印に置き換え，グラフィカルなプログラミング環境で学習を行う第三のアプローチでは，その多くが計測・制御教材と組み合わせて使用している。

　第四のアプローチとしては，Windows環境におけるソフトウェア開発の主流となっているイベントドリブン型の言語を活用する方法である。Microsoft Disk Operating System（MS-DOS）から Windows への移行期において，様々な言語が存在する中，福島は，VB を授業で取り上げることを提案している[41]。亀山は，Windows 環境下における情報基礎の学習を技術教育の独自性という観点から検討している。特に，Windows におけるオブジェクトの概念，特にクラスの再利用（プログラム部品の再利用）に着目し，情報技術を教えるためのコンピュータ言語の条件を検討し，条件を満たす言語として VB を選定している[42]。また，技術科全体の指導時数減少に対応するため，宮崎は，短時間で理解できる適切な教材の必要性を指摘した上で，USB インターフェースのポートを直接制御できたり，音声・動画などのマルチメディアの直接再生ができたりする，簡易 BASIC 言語を VB 上で開発している[43]。第四のアプローチは，学校や家庭において生徒が使用しているパソコン環境における一般的なプログラミング環境を使用するアプローチである。このアプローチにおいて，学習者が作成したプログラムは，日常使用しているソフトウェア製品との乖離が見られないことから，プログラミング学習に対する必要感や有用感を，学習者に感得させやすい長所がある。一方，通常の開発環境を使用するため，学習者のレディネスに応じた適切な題材設定，特に，学習を支援する教材の充実が重要となる。

　既述のとおり，本研究は，第四のアプローチから，問題解決的なプログラミング学習を実現するために，生徒の学習を支援するシステム開発を行い，授業実践を通して，その効果を検証しようとするものである。三宅は，プログラミング学習において，何らかの認知能力を伸ばそうとするのなら，そもそもプログラミングがどういう認知過程なのか，そこから調べていかなくてはならない[44]と指摘する。この三宅の指摘によれば，プログラミング学習において，問題解決過程に役立つような学習支援システムを構築するためには，まず，プログラミング学習における，生徒の問題解決過程の分析が必要不可欠になる。

　これまで，児童・生徒のプログラミング過程における問題解決については，

①プログラム作成過程の分析，②思考過程の分析に基づく認知的方略の検討，③学習指導方法や学習環境の状況の検討など，数多くの先行研究が，従来のLOGOやBASICなどを用いて進められてきた。つまり，プログラムを作成する過程における問題解決については，第一のアプローチにおいて検討されている。しかし，本研究で取り上げる第四のアプローチでは，プログラムを作成する過程が，一般的にオブジェクトを配置し，イベントに対する動作をプログラムコードで記述していく手法で進んでいく。この手法は，第一のアプローチである従来のLOGOやBASICとは，大きく異なっている。Weinbergは，プログラミングの分析について，「プログラミングにおいては，どの二つの作業をとってみてもそこに無数の相違があるものだから，まず，作業同士の違いという問題について考えてみる必要がある」[45]と述べている。つまり，従来のLOGOやBASICなどを用いたプログラミングとイベントドリブン型の言語を活用したプログラミングとの間には，無数の相違があるということであり，両者の問題解決過程の様相には，大きな違いが存在する可能性が指摘できる。言い換えれば，従来のLOGOやBASICなどを用いて進められてきたプログラミングにおける問題解決の過程に関する研究で得られた知見が，そのままイベントドリブン型の言語を活用したプログラミングに適用できるかどうかは定かではないということである。

　本研究では，上記の問題意識に立脚し，イベントドリブン型の言語を活用したプログラミングにおける問題解決に着目して，生徒が技術科の授業において活用する学習支援システムを構築，評価することに焦点を当てる。この問題について，次節では，①プログラミングにおける問題解決，②プログラミングの授業実践における動向，③イベントドリブン型の言語を活用したプログラミングの授業実践における動向，④コンピュータを利用した学習支援システムについて，それぞれ関連する先行研究を整理する。

4. 先行研究の整理
4.1 プログラミングにおける問題解決

　プログラミングにおける問題解決に関する研究は，問題解決過程の分析，問題解決力の転移，問題解決力を高める学習指導方法の検討に至る様々な研究が行われている。本項では，学習支援システム構築に関わる基礎的知見を得る観点から，①プログラミング学習における問題解決過程の分析，②プログラミングの学習指導と問題解決に焦点化して先行研究を整理する。

4.1.1 問題解決過程の分析

　前田らは，プログラミングにある程度習熟している学習者を対象として，C言語のプログラミング演習を行っているときのキー入力状況を記録し，プログラミング過程の分析を行った。そして，プログラミングスタイルを4タイプに分類するとともに，演習内容の適切さの評価や，学習者に対するきめ細かい指導の際にこの分析を活かす可能性について述べている[46]。三輪らは，初心者のプログラミング過程におけるエディティング行動を時系列で分析している。ここでは，自作エディタを活用し，被験者のエディティング行動を四つのモード（テキストモード，カーソル移動モード，修正モード，エディットコマンドモード）で集計し，習熟に伴って変化していく様子を明らかにしている[47]。また，近藤らは，中学生を対象としたLOGOプログラミングを取り上げ，作成過程の分析を行っている[48]。ここでは，一般的な授業時間中に，前田らによって開発されたシステム[49]を活用して，キー操作の履歴を収集した。そして，プログラミングの過程，誤りの分析，生徒の理解状況の把握をしている。

　これらの研究は，被験者や時間情報の有無などの違いが存在するものの，いずれも，被験者のプログラミング過程を記録に残し，事後分析を行い，今後の指導に活かす資料を収集する点で共通している。つまり，顕在化した様相を記録することにより，被験者におけるプログラミング過程を分析する手法を用いている。また，顕在化するデータを収集するための手法として，独

自のエディタやツールを開発，利用している点に特徴がある。これらのツールの開発研究については，岡本らの診断助言型ITS[50]や本郷のプログラム作成プロトコル記憶装置の開発[51]などがある。

一方，中野らは，自身の先行研究も踏まえ，プログラミングの過程における学習者の状況認知や意思決定が不明確であることを指摘し，キー入力データとともに，発話思考法による発話データを収集して，これらを分析対象とした研究を行った[52)53)]。この研究は，プログラミングにおける問題解決過程を被験者の顕在的な過程のみで分析するのではなく，被験者の内的な過程を調査することの重要性に立脚している。このような，プログラミング作業における内的な過程は，「内的過程」や「思考過程」などの用語で表現される。内的過程は，顕在的に観察されるパフォーマンスとしての外的過程と対峙する概念であり，思考過程とは，一般に「課題を行う問題状況の場において，解決すべき問題に対処するために学習者が論理的な内的適応行動を制御する働き，またはその過程」[54]と解釈される。

Detienneによれば，このようなプログラミングにおける内的過程を対象とする本格的な研究（プログラミングの心理学）は，1970年代に始まったという[55]。1960年代にRouanetとGateauのような，プロセスを分析する目的の研究[56]も存在するが，この時期としては完全に唯一である。1970年以降，プログラミングの心理学は，二つの全く異なる時期を認めることができる。1970年代は，研究者の多くが，コンピュータに関する科学者であり，主にパフォーマンスの観点からソフトウェアツールの評価を主な目的とする記述論的な研究が大半であった。1980年代以降になるとパラダイムの転換により，プログラミングの認知的モデルが発達し，システム論的な研究が数多く行われるようになった。

森山らは，プログラム作成作業における思考過程は一連の操作手順に応じた下位の思考過程の組み合わせによって構成され，構造的に把握しうるものであると指摘した。そして，初学者のプログラム作成作業における思考過程

の下位過程を，プロトコル分析で探索的に抽出し，思考過程の内省を測定するための尺度項目（RSTP）を作成している[57]。その上で，中学生を対象として，RSTPを用いた調査を実施してその思考過程を因子分析し，四つの因子を抽出するとともに，クラスタ分析によって因子の階層構造を明らかにしている[58]。

このように，プログラミングにおける外的過程の分析，内的過程の分析，さらには，思考過程の分析を通して，初学者を対象とした従来のLOGOやBASICを用いたプログラミングにおける問題解決過程の構造が明らかとなっている。

4.1.2 プログラミングの学習指導と問題解決

市川は，プログラミング学習における教育的効果について，知的側面と情緒的側面から分類した上で，プログラミングは「考えた手順を明示的な形で表現されることが要求される」，「自分の考えが正しいかどうかのフィードバックが迅速に，かつ正確に得られる」などの点で，特異な教材となりうると指摘している。そして，プログラミング学習で得られた知的能力は，科学的な思考方法や日常的な問題解決能力にも通ずるところがあるだろうと述べている[59]。

市川が指摘するような，プログラミング学習と問題解決能力育成との因果関係に関する研究については，これまで数多く行われている。例えば，GormanとBourneは，小学生を対象に，LOGOを用いたプログラミングを経験した児童と経験のない児童との比較を行い，経験した児童の方が，一般的な問題解決の課題における正答率が高かったことを明らかにしている[60]。また，Cathcartは，LOGOを用いたプログラミング学習の結果，問題解決能力の伸びを確認するとともに，一般的な問題の解決にこの能力が転移したことを示している[61]。一方，Peaは，LOGOを用いたプログラミング学習を1年間実施したが，教科における問題解決には反映されなかったことを示している[62]。WillamsonとGintherは，LOGOを用いたプログラミング学習によっ

て，認知能力の伸長について，ロボットを操作する課題を用いて調査を行ったが，有意な差は見られなかったことを示している[63]。

宮田らは，これらの先行研究が示す異なった結果について，それぞれの研究で用いられたプログラミングの指導方法の違いによるものという三宅の見解[64]を示すとともに，教師の生徒に対する関わり方や，指導方法に関して注意を払っていないものや言及していないものが見受けられたと指摘した。その上で，問題解決過程を重視するアプローチ (the process-oriented approach) と，プログラムの作成を文法や命令の暗記を中心に指導していくアプローチ (the traditional content-oriented approach) という異なる指導方法による比較を行い，問題解決過程を重視するアプローチでプログラミングを指導した場合の方が，ハノイの塔の問題という限定された状況ながら，問題解決の転移が起こりやすいことを報告している[65]。

森山らは，これら一連の研究が学習効果として設定される従属変数に，レディネスとなる認知能力や，プログラミング途上で活用されるメタ認知能力といった認知的能力とが混在している問題点を指摘している。その上で，プログラム作成能力（表層的要素）が，知能の水準（深層的要素）や，思考過程の内省（中層的要素）の影響を受ける3層構造の認知的因果関係があることを明らかにしている[66]。そして，これらの構造を踏まえた上で，学習指導におけるプログラム作成能力の認知的形成モデルを構築し，生徒のプログラム作成能力の形成に因果する認知的方略，思考過程，学習指導の条件等の構造的な関連性を明らかにしている[67]。

また，山本らは，学校外で実施した LEGO MindStorms 教室に参加した中学生19名が作成したラインレースを行うプログラムを，時系列に沿って質的に分析し，①プログラム作成能力の高い生徒には，適切な時期に新しい知識や技能の指導が必要なことや生徒の思考に対応する支援の必要性，②学習の定着が不十分な生徒に対する支援として，学習内容を再確認するプリント教材や段階を踏んだ課題設定の重要性，を指摘している[68]。

これらの先行研究からは，プログラミングの学習指導と問題解決について，学習者の思考過程の分析を通して，認知的な側面から学習指導のあり方を検討していく重要性や，生徒の学習状況を細部にわたって質的に分析し，学習支援の方略を設定する必要性が示されている。

4.2 技術科におけるプログラミング学習の実践研究

技術科におけるプログラミング学習の実践研究は，平成元年（1989）告示の学習指導要領下における「情報基礎」の新設から本格的に行われ，これまでLOGOやBASICを用いたプログラミングの実践研究が数多く報告されている。例えば，林は，BASICを使用しての音楽づくりとLOGOを使用してのタートルグラフィック，模型制御の実践を行い，その指導例を示した[69]。須曽野は，LOGOプログラミングの基本操作から作品づくりに至るまでの学習活動を半年間継続し，授業実践で得られた成果について検討して実践を進めていく上での課題を明らかにした[70]。

篠田らや奥西らは，情報基礎の学習におけるプログラミング学習の内容にグラフィックを取り上げることは，生徒が比較的抵抗を示すプログラミング学習において有効であることを生徒の姿から示した[71)72]。これに対し，岡らは，グラフィックの有効性も認めながらも，コンピュータの機能の中心がグラフィックであると勘違いを起こさせる危険性を指摘し，計算機能も扱う必要性を主張した[73]。このような，生徒に取り組ませる題材に着目した研究では，本郷らが，LOGOプログラミングを用いた音楽，制御，タートルグラフィック，数量関係の各題材モジュールが，学習者の情意的側面にどのような影響を与えているかを調査し，①教材の相違が学習の進展とともに，学習者の情意的側面に差異を生じさせること，②制御が他教材に比べて学びあう環境を自然な形で提供し，プログラミングの価値づけにおいて優れていること，を明らかにしている[74]。

平成10（1998）年に告示された学習指導要領では，情報に関する内容が技

術科の半分を占めるようになり，プログラミング学習は内容「B 情報とコンピュータ」(6)「プログラムと計測・制御」の中で扱われることになった[75]。また，この時期になると学校で使用されるパソコンの OS の多くが，MS-DOS から Windows へと本格的に変わり始め，このころから，Windows 環境における制御に関する教材開発や実践研究が増えてくる。例えば，山本らは，VB によるプリンタポート（パラレルポート）を制御する教材の開発を行い，電圧を測定する学習内容を設定した実践に取り組み，自動制御機構への興味・関心を高めていく生徒の事例を紹介している[76]。また，亀山らは，Windows 環境におけるプリンタポートを用いたビット単位のコンピュータ制御は困難になったことを指摘し，USB インターフェースを用いた制御教材を開発して VB にて LED を点滅制御するデモ教材の作成を行っている[77]。

しかし，平成10（1998）年告示の学習指導要領が完全実施となる平成14（2002）年度には，「情報とコンピュータ」(6)「プログラムと計測・制御」を必修として扱っている実践研究の報告が極めて少なくなったと亀山らは指摘する。この原因として，①インターネットなどのコンピュータネットワークの普及を背景として，技術科で扱う必修の学習内容が，コンピュータリテラシー中心にシフトしたこと，②学校に導入されるパソコンの性能が向上し，マルチメディアの活用などの多彩な題材設定が可能となったこと，③ Windows 環境下におけるプログラミング学習の有用性を，生徒に感じさせることのできる題材の開発がなされてこなかったこと，などがあげられる。亀山らは，このような状況における中学生のプログラミング学習について，オブジェクト指向の長所を生かした教育を，重要な柱とすることが大切であると述べるとともに，生徒の発達段階を踏まえ，クラスの作成や設計などを目指すのではなく，既製クラスの再利用に重点を置くプログラミング教育が必要であると主張した[78]。

この時期の実践研究としては，例えば，森は，ロボット教材を用いた制御・プログラミング学習を実施し，学習効果を実践前後のアンケート調査か

ら分析している。LEGO MindStorms を活用した実践では，ロボットやプログラミングに対する生徒の興味・関心の高まりや，センサーなどロボットを構成している諸技術に対する指導上の留意点を示している[79]。また，井戸坂は，学校教育用オブジェクト指向言語ドリトルを使い，技術科におけるプログラミング学習を実践している。中学3学年を対象として，18～20時間のカリキュラムを作成し，タートルグラフィックス，タイマーによるアニメーション，ボタンによる対話的な操作，音楽演奏という小題材を設定して実践した上で，生徒の学習カードやアンケート調査から，プログラミング学習の効果を検討している[80]。

　これら，ロボット教材を用いた制御・プログラミング学習や，学校教育用オブジェクト指向言語ドリトルを活用したプログラミング学習の実践は，中学校のみならず小学校へも波及している。例えば，田代らは，教育ロボット「梵天丸」と「いろは姫」を使用して，小学校の「総合的な学習の時間」を中心とした実践を行った[81]。山本らは，同様に小学校において，ゲーム的活動を取り入れたプログラミングの学習課題を設定し，ロボット制御の学習を実践した。ここでは，個別学習になりがちなプログラミング学習に，共同（グループ）学習を取り入れ，話し合い活動を行うことで，作戦を考えたり，役割分担を行ったりするなどの学習を行った。また，一つの課題遂行のための様々な知識や技能の習得も可能となるような工夫を行うことで，児童は意欲的に学習に取り組み，課題を遂行する姿が確認できたと報告している[82]。また，佐藤らは，小学校における情報教育にプログラミングとロボット制御を取り入れることを提案し，5，6年生を対象に学校教育用オブジェクト指向言語ドリトルや Squeak Toy，LEGO の ROBO Technology Set と制御用ソフトウェア ROBOLAB を使った実践報告をしている[83]。学校教育用オブジェクト指向言語ドリトルを使用した実践では，紅林らが，小学校6年生を対象として，プログラミング学習の実践を行い，事後評価としてエレベータ事故の新聞記事を提示した上で，質問紙を用いて事故に対する理解度などの

効果を検証している[84]。

このように，この時期の技術科におけるプログラミング学習は，LOGOやBASICを用いた実践から，計測・制御を中心とした実践，オブジェクト指向に着目した実践へと広がりを見せている。また，従来技術科で行ってきたプログラミング学習の内容を，小学生の実態に適合させながら実践する研究も報告されるようになってきている。しかしながら，中学校技術科において，VBなどのイベントドリブン型の言語を活用したプログラミングに関する実践報告は，平成10年代においてはほとんど見られない。

平成20（2008）年告示・同24（2012）年度完全実施となった学習指導要領では，これまでの内容「A 技術とものづくり」が，内容「A 材料と加工に関する技術」・「B エネルギー変換に関する技術」・「C 生物育成に関する技術」の3内容に，これまでの内容「B 情報とコンピュータ」が，内容「D 情報に関する技術」の1内容として構成され，すべての内容をすべての生徒が履修することになった。これに伴い，内容D(3)「プログラムによる計測・制御」も必修となった。一方，解説書を見る限り，思考・判断力にあたる評価の観点「生活を工夫し創造する能力」に関しては，基本的に変更はなく，内容D項目(3)事項イに示されている「情報処理の手順を工夫する能力の育成」となっている[85]。

これを機に，プログラミングに関わる教育実践が技術科教育においても再び増えてきた。例えば，教材の開発では，石澤らが，USB-IOとVBAを用いた制御教材を取り上げ，実践を行い，制御の学習に対する理解能力，必要性の認識，好悪感情の3因子について，事前・事後での比較を行い，肯定的な有意差が得られたことを示している[86]。また，紅林らは，技術科におけるロボット製作の学習とコンピュータ制御の学習が融合できる教材システムを考案した上で，開発した教材を用いて中学生123名による評価実験を行い，ロボットコンテストと制御プログラムの学習を融合する授業が可能になることを示している[87]。宮川らは，Arduinoをアクチュエータ（6足歩行のアクチ

ュエータ：INSECT）に組み込んだ教材を開発し，同内容・項目の学習指導に使用した実践事例の報告をしている。この実践では，プログラミング言語として Processing を用いている[88]。

　プログラミング環境教材の開発では，菊地らが，多くの学校が取り上げているフローチャートのみでプログラミングを進めていくことは，内容D項目(3)に示された「プログラムによる」という内容が弱いのではないかと指摘し，フローチャートとプログラムコードが表示される GUI プログラミング環境の構築を行っている[89]。実際，ソフトウェアの開発は，アルゴリズムのみでは実施できない。そこには，コーディング特有の技術や技術的な問題が潜んでいるからである。例えば，パラメータの一つが違っても，システムとして重大な欠陥を及ぼすことがある。これが，技術の危うさでもある。プログラムコードを扱うことは，専門的な教育を施すという意味でなく，このような技術の限界や危険性を，実践的に分からせる意味においてもよい教材であり，菊地らの指摘は技術科が行うプログラミング教育を構想する上で，重要な点を指摘している。

　内容D項目(3)に関する実践では，例えば，嶋田らが，自律型ロボット教材として各種教育機関で教育的効果が高いと報告されている LEGO MindStorms W を用いて実践を行い，生徒の情意面を含めて，その教育効果を示している[90]。針谷らは，同内容・項目に関する学習計画を立案・実施し，事前・事後アンケート調査からプログラムや計測・制御に関する興味・関心を高める効果が認められることを示した。さらに，記述式質問紙の平均値から，基礎・基本的な知識の習得がなされたことを示している[91]。また，井戸坂らは，同内容・項目に関する学習を行う上で，必要となる教材の要件を整理するとともに，光センサーやタッチセンサーを搭載した自立型ロボットを教材として授業実践を行い，コンピュータや制御機器への興味・関心の高まりや，身近にある制御機器の仕組みに関する理解の深まりに効果があることを示している[92]。さらに，最近では萩原らのように，生徒の内面に着目し，使用す

る教材の違いによる生徒の反応の違いを検討している研究もみられる[93]。

4.3 イベントドリブン型の言語を活用したプログラミングを対象とした研究

このようなプログラミング教育の実践の中で，ＶＢなどのイベントドリブン型の言語を活用したプログラミングに関する研究や実践は，その対象を大学生としている場合が多い。

例えば，Clarkは，89名のプログラミングを学ぶ大学生を対象として，従来のBASICを使用する群とVBを使用する群とに分けて，順次，分岐，反復，変数，配列などの初期プログラミングにおける理解度を比較し，VBは従来のBASICより優れていると報告している[94]。

杉江らは，大学等におけるプログラミング教育を行う場合は，目的が多岐にわたることを指摘し，大学生の初心者に対してはアルゴリズムとデータ構造を踏まえた手続き型プログラミングから教育していくことを本筋としながらも，近年の学生の実態から，GUIをベースとしたイベントドリブン型の言語を活用したプログラミングの有効性を認知して，シラバスの提案を行っている[95]。

同様の立場から，藤井もVBが，手続き型プログラミングとオブジェクト指向プログラミング形式が混在する特徴を有することから，Java言語などのオブジェクト指向プログラミングへの橋渡しになる点や，VBAなどのアプリケーションに付随する言語の利用というビジネスユースへの応用が可能であることに着目し，文系短大の情報応用系学科の学生にとっては，Windowsプログラミング教育はVBがふさわしいと指摘する[96]。

また，三河は，高等専門学校における学生の実態の踏まえ，それまでC言語にて実践していた内容をVBに変更して実践した結果，留学生に顕著な効果を確認し，このことから初年度の学生に対する同様の効果を予見したと報告している[97]。

森山らは，従来の LOGO プログラミングにおいて，中学生を対象に共同学習環境の導入に関する検討を詳細に行い，ペア学習によって課題の達成点が向上すること，思考過程の内省が有意に深まったことを示している[98]。VB を用いた共同作業に対する検討では，柳下らが，アンケート調査と習熟度テストから検討を行い，共同作業の有効性を報告している[99]。

このような VB の使用に対する有効性を指摘する研究報告に対し，望月は，プログラミング教育で最も大切なのはアルゴリズムであることを強調し，VB はパソコンでソフトウェアのインターフェースを作りながらプログラミングを行っていくスタイルであることから，アルゴリズムの認識を学習者から欠落させてしまう問題点を指摘している。その上で，この問題点を改善するための題材を提案している[100]。

これら一連の研究からは，プログラミング初学者に対しては，VB のようなイベントドリブン型の言語を活用したプログラミングが，教育上有効であることが読み取れる。また，望月の提案は，VB の特性を把握し，授業者が行うプログラミング学習の目的に応じた題材設定の重要性を示している。題材設定の重要性は，技術科におけるプログラミング学習においても同様のことが指摘できる。

本研究の題材設定については，第2章で詳しく述べることにする。

4.4 コンピュータを活用した学習支援システム

コンピュータシステムを活用した学習者に対する学習支援システムは，様々な観点から開発，検証がされている。古くは CAI (Computer-Assisted Instruction)，コンピュータ支援教育がある。日本では，1963年に工業技術院電気試験所（現在，電子技術総合研究所を経て産業技術総合研究所に再編）の CAI システム調査・研究試作に始まった。その後，東京・常磐中学校，筑波大学，金沢工大など，中・大型コンピュータを利用した CAI システムが開発され，授業が行われた。学校にパソコンが導入され初めた1980年代を中心に，学習

者一人一人の理解の程度に応じたコースがある程度用意できることから，パソコンを利用したCAIが，義務教育における算数等の教科を中心に活用された[101]。コースを作成するオーサリングシステムも開発され，一部の熱心な教師により取り組みがなされた。

　しかし，このようなプログラムの流れに従って学習を進めるだけのCAIは，学習者の要求によって流れを変えたり，予想外の質問に対応したりすることのできないシステムであったこと[102]，一コースを作成するためには膨大な時間がかかること，学級を中心とする集団で学習を行う授業において，コンピュータと向き合い個別に学習を行う形態に疑問を呈する教師が多数いたことから，取り組みは一部の学校に留まった。Oettingerは，このようなCAIシステムの限界を「高価な自動ページめくり機」と批判していた[103]。この限界を踏まえ，コンピュータに優れた教師の教授的振る舞いをさせるために，人工知能を取り入れた知的CAIシステムが，1970年代から発表されはじめて，1980年代には，数多くの研究がなされている。

　1990年代になると，ネットワークの発達や個人の情報リテラシーの向上により，CBT（Computer-Based Training）やWBT（Web-Based Training）などが考案され，2000年代以降は，CBTやWBTの概念を活用したe-learningの研究が盛んとなっている。

　伊藤は，学習支援システムにおけるパラダイムのシフトが1990年代以降に発生したと指摘し，その大きな要因として，構成主義の学習観への展開やメディア革命のインパクトなどをあげている[104]。Vygotskyによれば，現実の問題にぶつかったときにそれを解決できる能力（問題解決能力）に使える知識を，教育によって継承させようとすれば，現実の文脈のなかに置かれた問題の探究と解決を，学習者とともに試みる中で，知識を再構成していく必要があり，こうして学習者が受け継ぐ知識は，次世代の学習者としての知識の構造の中にそれが共有されるのだという[105]。このような考え方を，社会的構成主義の学習観と呼んでいる[106]。

このような，共同性・状況性を重視した最近の学習理論と，ネットワークテクノロジーの発展を背景とした学習支援システムの研究に，CSCL (Computer Supported Cooperative Learning)[107)108)]がある。CSCL は，コンピュータを利用した複数の学習者間における相互作用に基づく知識構築を支援する協調的な学習のことであり，ビジネス分野で使われる CSCW (Computer Supported Cooperative Work) に準じ，このように呼ばれる。Web や電子メールを利用した学習活動や，知識構築を支援する新たなシステムの開発が行われている。

中原らは，CSCL における協同的な知識構築が実現するためには，学習者の相互作用を誘発し，促進することが必要条件であると指摘した。そして，研究者が，実際の教育実践をデザインする際に参照可能であるように，研究知見を可視化，キューイング，コンテンツという三つのデザイン対象項目から検討・整理している[109)]。可視化とは，分散化した学習環境において，学習者が把握しにくい学習者相互の活動状況や履歴等を積極的に提示していくことをいう。キューイングとは，学習者同士の相互作用に介入し，それを構造化するための支援をいう。また，コンテンツとは，CSCL システム内に埋め込まれた，学習者が参照することを期待されている知識のことと定義する。義務教育における一般的な授業では，閉じられた学習環境で教師，生徒，教材の三者の連関によって学習活動が行われる。このような観点から CSCL の特徴を生かした用途を考えると，一般的な教室内の授業においては，キューイングの役割は教師であり，あえてコンピュータに行わせる必要性はあまりないことから，既述したデザイン対象項目では，可視化とコンテンツが注目に値する。

例えば，可視化に関して，谷川の学級新聞協同作成システムでは，他の学習者の作業状況や自分の作業状況のモニタリングに関する情報を積極的に学習者に提示し，生徒間の学習活動を相互に可視化し，相互作用を促している[110)]。また，川島らは，グループ学習にて教え合いを支援するソフトウェ

アを開発し，中学校の国語における語句と文法に関する教材を用いて検証を行った。その結果，相互作用の向上が促進され，到達度の低い学習者に対する学習効果の向上を確認している[111]。

これらの先行研究から，情報関連機器の発達と社会的構成主義の学習観へのパラダイムシフトにより，学習支援システムの研究が，CSCLシステムの流れとなっている現状が示されている。また，義務教育の授業では，個の学習（実習も含む）といった状況において，友との相互作用を活性化するためのCSCLシステムが，効果を上げている状況が明らかとなっている。

一方，プログラミング学習そのものを支援するためのシステムも，専門教育や高等教育を対象として，これまで多くの提案がなされている。伊藤らは，これらのシステムを大きく「診断・指導型」システムと，「説明生成（可視化）型」システムとに大別している。一般に，「診断・指導型」システムは，プログラム理解（診断）技術を利用した構成がなされ，バグカタログの整備や教育方略の洗練化がなされている。「説明生成（可視化）型」システムは，デバッガやトレーサなどのプログラム作成ツール，アルゴリズムアニメーションなどがあるという[112]。

「診断・指導型」システムでは，例えば，海尻の初心者のプログラミングの認識システムがある。このシステムのプロトタイプでは，良質でないプログラムサンプルについて評価した結果，約85%の認識率を得られたと報告している[113]。同様に森らは，Webブラウザを利用してプログラムを作成すると，システムが自動的に正誤判定を行い，その情報を学習者に提示するシステムを開発している[114]。これらは，「診断・指導型」システムの中においても，診断に重点をおいた研究である。

これに対し，知見らは，これらのシステムが，結果における正誤の診断のみを行っている点を指摘し，プログラミング過程で重要である内省を促進させる支援システムを提案している[115]。このシステムは，失敗から新たな知識を学ぶという概念をもつ失敗学の理論[116]に着目し，失敗したことを記述

し，失敗の知識化を図ろうとしているシステムである。これは，「診断・指導型」システムの中においても，バグカタログの整備や教育方略の洗練化に重点をおいた指導型システムであるといえる。

「説明生成(可視化)型」システムでは，例えば，西らのデバッガと連携し，学習者の学習支援となる教材を提示するＣ言語学習支援システムがある。このシステムは，コンパイラやデバッガと連携し，学習中に発生したエラーやトレースした変数の情報を基に学習者の支援となる教材を提示するシステムである[117]。

これらの先行研究は，大学生を中心とした専門教育における学習支援システムである。2.1で既述したように，専門教育と普通教育ではプログラミング教育の目的が異なる。また，大学教育と義務教育では，学習(授業)形態も全く異なる。河田らは，学習者が自力で間違いを発見し，正しい内容へ修正する作業を積み上げることがプログラミング能力を習得するためには必要であるといい，この作業を十分行うことなく，誤り箇所や誤りの原因，正しい記述内容を教示されるような助言は好ましくないと指摘する[118]。この指摘は，今後の学習支援システムの方向性を決める際に大きな意味をもっている。

5. 研究のアプローチ
5.1 問題の所在

本研究は，中学校技術科において，問題解決的に行われるプログラミング学習について，イベントドリブン型の言語を活用したプログラミングに着目し，学習支援システムを開発して，その効果を検証することにある。

この目的に対して，まず，技術科におけるプログラミング学習へのアプローチについて，使用する教材の特性に応じて四つに分類した。そして，イベントドリブン型の言語を活用したプログラミングの位置づけを明確にするとともに，他の三つのアプローチにはない教材としての価値を示した。その上

で，①プログラミングにおける問題解決，②プログラミングの授業実践における動向，③イベントドリブン型の言語を活用したプログラミングの授業実践における動向，④コンピュータを利用した学習支援システムについて，それぞれ関連する先行研究を整理した。

　中学生を対象としたプログラミングにおける問題解決では，従来のLOGOやBASICを対象に詳細な分析がされるとともに，これらの分析を生かした学習指導のあり方や学習指導の条件などが明らかになっている。また，技術科におけるプログラミング学習の実践では，従来のLOGOやBASICを用いた実践，制御教材と併せて図形や矢印などのソースコードを用いた実践，オブジェクト指向を意識した独自の教材を開発して行っている実践など，アプローチが多様化してきている様相が明らかとなった。一方，本研究が対象としているアプローチであるイベントドリブン型の言語を活用したプログラミングについては，大学等における実践研究はあるものの，中学生を対象とした実践そのものが極めて少ない。このため，イベントドリブン型の言語を活用したプログラミングにおいては，学習指導の基礎的知見である問題解決過程の構造が明らかになっておらず，この分析を基にした学習支援の方向性が定まっていない現状がある。これらの問題が背景として存在する中，イベントドリブン型の言語を活用したプログラミングにおける生徒の問題解決的な学習を支援していくシステムを開発し，その効果を検証するためには，次の研究課題に対応していく必要がある。

　第一の研究課題は，イベントドリブン型の言語を活用したプログラミングにおける問題解決過程を解明することである。これは，問題解決的に展開する学習を支援していくためには，イベントドリブン型の言語を活用したプログラミングにおける生徒の問題解決に対する基礎的知見を得ておく必要があるからである。そのためには，具体的な題材を設定し，プログラミングの初学者を対象としたイベントドリブン型の言語を活用したプログラミングにおける内的過程を分析し，構造的に明らかにしなければならない。

第二の研究課題は，プログラミングは知識に依存する問題解決であるという Detienn[119] や Anderson[120] の指摘にもあるように，生徒のプログラミングに関する知識に着目して，プロセスとしての問題解決過程，プロダクトとしてプログラム作成能力との因果関係を解明することである．これは，学習者の知識構築を支援することに対する効果をいくつかの方向から明らかにすることにより，学習支援の効果を多面的に検討するためである．

　第三の研究課題は，第一，第二の研究課題で明らかとなった基礎的知見を基に，生徒の問題解決を支援するシステムを開発することである．この点については，問題解決が依存している知識を支えるシステムとするために，①生徒個々の知識を支え，問題解決に資するシステム，②生徒間の相互作用を誘発・促進して学級における協同的な知識の再構築を図り，問題解決に資するシステム，という二つのアプローチにより学習支援システムを開発していくことにする．

5.2　研究の計画

　これらの各研究課題に対して，本書における研究では，第一の研究課題を土台とし，第二の研究課題，第三の研究課題へ対処していくことにする．各研究課題と研究の構造との関係を図1-1に示す．

　第一の研究課題に対しては，第3章において，プロトコル分析を行い，イベントドリブン型の言語を活用したプログラミングにおける問題解決過程について質的分析を行う．続く第4章では，プロトコル分析の結果に基づき，イベントドリブン型の言語を活用したプログラミングにおける問題解決過程を把握する尺度の設定を行うとともに，プログラム作成能力との関連を分析する．その上で，先行研究において明らかになっている BASIC などの従来のプログラミングにおける問題解決過程の構造と比較することによって，問題解決過程の構造分析を行う．

　第二の研究課題に対しては，第5章において，生徒に形成された知識の構

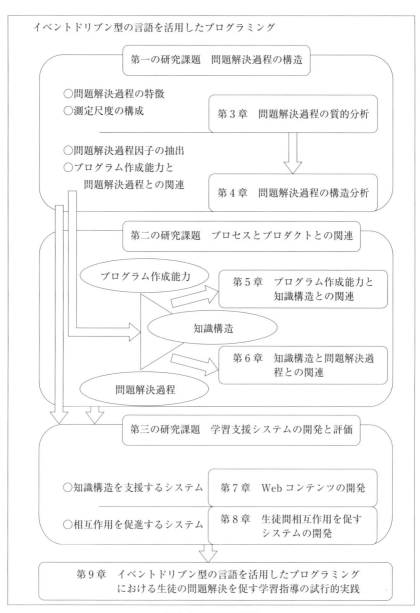

図 1-1　研究の構造

造とプログラム作成能力との因果関係を明らかにする。続く第6章においては，生徒に形成された知識の構造と問題解決過程との因果関係を明らかにすることにより，学習支援システム構築のための基礎的知見を得ることにする。

　第三の研究課題に対しては，第7章において，生徒個々の知識を支え，問題解決に資するシステムの開発を行い，その効果を検証する。また，第8章においては，生徒間の相互作用を誘発，促進して，学級における協同的な知識構築を図り，問題解決に資するシステムの開発を行い，その効果を検証する。その上で，第9章では，これらの2種類の学習支援システムを題材展開中に同時に投入し，イベントドリブン型の言語を活用したプログラミングにおける生徒の問題解決を促す学習指導の試行的実践と学習支援システムの効果を検証する。

　第10章では，以上の各章で得られた知見に基づき，研究を総括するとともに，今後の教育実践に向けた示唆及び課題を示すことにする。

第2章
初歩のプログラミング教育における題材開発

1. 目　的

　第1章では，本研究に関わる背景と先行研究の整理を行った上で，研究のアプローチについて述べた。第3章より研究成果を順次述べていくことにするが，これに先立ち各章の研究がどのような題材をベースとして考えられ，実施されていくのか，本章で述べることにする。本章では，実際の中学校における題材の設定方法に倣い，題材の目標，評価規準，題材展開，教材化に関する内容を盛り込んでいる。

　また，実験における課題については，各章共通する内容であることを考慮し，本章では「題材の設定」について述べた後，「実験課題」についても述べることにする。

2. 題材の設定

　題材の設定は，教育実践における研究を進めていく上で，重要な事柄となってくる。本研究における「題材」とは，生徒が製作するもの，例えば，プログラムそのものだけを指しているのでなく，製作物や指導計画も含むすべてを意味している。そして，この題材の設定は，教育成果に多大な影響を与える重要な要素であると認識するとともに，題材を設定すること自体「学習支援」そのものであると捉えている。そこで，イベントドリブン型の言語を活用したプログラミングの研究を進めていくにあたり，そのベースとなる題材の設定について，具体的に述べることにする。

2.1 素材の検討

本研究では，生徒が学習する素材として，スロットゲームを取り上げた。スロットゲームとは，複数の絵柄が複数の場所で切り替わり，表示されるところで，ストップボタンをタイミングよく押して，絵柄の表示を一致させるゲームである。スロットゲームを，学習の素材として取り上げる上での必要条件と価値は，以下のとおりである。

〈必要条件〉

・平成10年版中学校技術科の学習指導要領「B 情報とコンピュータ」(6)の解説書に記述されている内容について学ぶことができる。

〈素材の価値〉

① 中学生のゲームに対する興味・関心は高く，意欲的な取り組みが期待できる。

② ゲームは多くの中学生が日常生活において，触れている素材であり，ユーザとしての経験がある。つまり，ユーザとしてゲームを知っていることから，ゲームの機能に対する工夫・創造の観点を生みだしやすい。

③ スロットの絵柄の合致等（当たり・はずれ）に応じて，得点や各種アクションを工夫していくことにより，中学生にとってやや抵抗感のある変数・演算子・式の概念について，必要感をもたせて学ばせることができる。

④ 中学3年生という発達段階から，十分取り組むことができると考えられる難易度である。

これらを踏まえ，プログラミングの基本である順次・分岐・反復処理及び変数・演算子・式の概念を，ゲームづくりという明確な目標に向かう中で習得することができること，中学生は，ゲームの楽しさを実際に体験しており，ゲームの機能を工夫・創造する際に，無理なく行うことができることなどの理由から，題材「オリジナルスロットゲームづくり」を設定した。

2.2 題材の目標

本題材の目標を観点別評価の各項目に照らし合わせ，以下のように設定した。

(1) 生活や技術への関心・意欲・態度（関心・意欲・態度）
① コンピュータを働かせるプログラムの役割と機能について考え，これからの学習に向けて，自分なりのねがいをもって取り組もうとしている。
② 自分の願うスロットゲームの構想を基に，プログラムを作成しようとしている。

(2) 生活を工夫し創造する能力（工夫・創造）
① プログラムの不具合を，既習事項や新たに収集した情報を基にして，自分なりの方法で考え，改善することができる。
② スロットゲームの操作画面とゲームの機能を，工夫したり，創造したりすることができる。

(3) 生活の技能（技能）
① サンプルプログラムを基に，順次・分岐・反復処理のプログラムを作成することができる。
② 順次・分岐・反復処理を組み合わせ，スロットゲームのプログラムを作成することができる。

(4) 生活や技術についての知識・理解（知識・理解）
① コンピュータシステムにおけるプログラムの機能と順次・分岐・反復の各処理手順を理解することができる。
② 計測・制御システムの構成を知り，プログラムとの関連について理解を深めることができる。

2.3 評価計画

本題材における目標に準拠した評価を表2-1のように計画した。生徒の学

表2-1 題材の評価計画

観点		おおむね満足できる（B）と評価した生徒の状況	十分満足できる（A）と評価した生徒の状況	努力を要する（C）と評価した生徒への手だて	評価方法
ア 関心・意欲・態度	①	コンピュータシステムを働かせるプログラムに興味をもち、その役割と機能について考え、学習に向けて、自分なりの願いを明記することができる。	コンピュータシステムを働かせるプログラムに興味をもち、その役割と機能について考え、作成したいスロットゲームのイメージを膨らませて、自分なりの願いを明記することができる。	上級生の学習後のワークシートを提示して、本題材における到達点について共に考えたり、上級生が全員プログラムを作成していることなどをワークシートへ朱書きしたりして自信をもたせる。	ワークシート 観察
	②	設計をもとに、オリジナルスロットゲームを作成しようとしている。	設計をもとに、ユーザのことを考え、より楽しいゲームにしようとしたり、友へアドバイスしようとしたりする。	作成の進んでいる友を紹介し、より楽しいゲームづくりの意欲を喚起する。	ワークシート 観察
イ 工夫・創造	①	既習事項や新たに収集した情報をもとに、得点が入り続けるプログラムの不具合を、改善することができる。	既習事項や新たに収集した情報をもとに、得点が入り続けるプログラムの不具合を改善するとともに、試作品の制限を解除することができる。	これまでの資料を振り返らせたり、モデルとなるサンプルプログラムの完成品を用いたりして、課題の追究方法を示す。	観察 作品 ワークシート
	②	スロットゲームの操作画面と得点・コメント等の機能の工夫を4項目以上行っている。	スロットゲームの操作画面の工夫に加え、得点・コメント等の機能の工夫を6項目以上行っている。	友が作成しているスロットゲームの操作画面や機能を参考にさせたり、モデルを提示したりする。	観察 作品 ワークシート
ウ 技能	①	サンプルプログラムをもとに、順次、分岐、反復処理を行う達成問題のプログラムを作成できる。	順次、分岐、反復処理を行う発展問題のプログラムを友を頼ることなく作成することができる。	資料の見直しをさせたり、友のプログラムを見せたりして、プログラムを記述させる。	観察 作品
	②	順次、分岐、反復処理から処理手順を選択、組み合わせ、設計したスロットゲームのプログラムを作成することができる。	順次、分岐、反復処理をすべて活用したり、入れ子構造を活用したりして、設計したスロットゲームのプログラムを作成することができる。	基本的な処理の方法を資料により見返すよう促し、試作品を改良していく方法を理解させ、プログラムを作成できるようにする。	観察 作品 ワークシート
エ 知識理解	①	コンピュータシステムにおけるプログラムの機能と順次、分岐、反復の各処理手順を、説明することができる。	プログラムの働きを、ハード・ソフトウェアと関連付けて説明したり、処理の流れを、図を用いて説明したりすることができる。	全自動洗濯機を例にとり、一つ一つの手順をもとに機器の動作やプログラムの働きを具体的に説明する。	ワークシート テスト
	②	計測・制御システムの構成とプログラムの果たす役割について説明することができる。	身近にある計測・制御システムをあげ、どのようなプログラムで動作しているのか分析することができる。	実験用の制御モデルを使用して、計測・制御システムの構成とプログラムの役割を説明する。	ワークシート テスト

習の様子を評価方法から把握し,「イ:工夫・創造」の②は量的な広がりから,他は質的な高まりから評価する。この計画立案の際には,B規準に到達しない可能性がある生徒に対する机間指導の計画を明確にするとともに,A規準に到達できそうな生徒への指導や,その生徒を全体にどのように位置づけ,授業を構想するのか立案することにより,評価計画を指導に生かしていく。

2.4 題材の展開

表2-2に,題材「オリジナルスロットゲームづくり」の題材展開の概要を示す。カリキュラムは全18時間構成であり,これは,平成10(1998)年・平成20(2008)年告示の学習指導要領における技術科の中学3年への標準配当時間に相当する。

また,必要条件として,平成10(1998)年告示学習指導要領への対応をあげているが,本題材は,平成20(2008)年告示の学習指導要領技術科内容D(3)ア・イの指導事項にも対応している。

2.5 各段階の学習の進め方

(1) 導　入

導入では,学習への見通しをもたせるために,昨年度の3年生が作成したスロットゲームを実際に行わせる(表2-2生徒の活動内容①)。続いて,コンピュータシステムにおけるプログラムの役割とプログラム言語等について解説する(同②)。その後,実習に入り,オブジェクトの配置とコードの記述方法やプログラム実行方法,プログラムの保存,呼び出し等,VBの基本操作とイベントドリブン型の言語を活用したプログラミングの概念を習得させる(同③)。

(2) 基礎的学習

基礎的学習(同④〜⑦)は,スロットゲームづくりにおける固有の知識・

表 2-2 題材展開の概要（全18時間扱い）

段階	生徒の活動内容と扱う主な概念	◇教師の主な指導　◆評価	時間
導入	①昨年度の3年生が作成したスロットゲームを行うことにより，これからの学習への目標をもつ。 ②プログラム言語の役割を理解し，VBを使用する。 ③ボタンを押すと文字や絵柄が表示されるプログラムを作成する。 ―イベントドリブンの基礎―	◇最終的に作成するスロットゲームへの目標をもたせ，その目標を基にして，「題材の学習問題」を設定する。　◆ア① ◇コンピュータシステムにおけるプログラムの役割を理解させ，VBの基本操作を指導する。◆エ② ◇フォームの作成方法と，イベントに対して処理を記述していく，イベント駆動型プログラムの基本的な考え方を指導する。 ◇オブジェクト名，プロパティの意味を理解しやすくするため，Imageオブジェクトを額縁に置き換えて説明する。　◆エ②	2
基礎的な学習	④1個のボタンで絵柄を表示したり消したりするプログラムを作成する。 ―分岐処理― ⑤ボタンを押さずに，絵柄を自動的に切り替えるプログラムを作成する。 ―タイマーイベントの基礎― ⑥ハートが表示されると100点が加算されていくプログラムを作成する。 ―変数・演算子・式の基礎― ⑦あたりのアクションに生かすため，絵を描くプログラムを作成する。 ―反復処理―	◇If～Then構文を使うと，条件に応じて処理を変えるプログラム（条件分岐）が作成できることを理解させる。　◆ウ①・エ① ◇「時間の刻み」というイベントを発生させることのできるタイマーイベントを取り上げ，プログラムを作成させる。　◆ウ①・エ① ◇得点の必要性を意識させた上で，変数，演算子，式を数学と対比させて指導するとともに，変数の宣言方法と得点を累計する式についての基本形を指導する。　◆ウ①・エ① ◇絵柄を表示する位置の値を変化させて，命令を繰り返すことに着目させ，For～Next構文を提示し，反復処理を理解させる。　◆ウ①・エ①	2 2 2 2
応用的な学習	⑧絵柄がそろうと得点が入るスロットゲームの試作品を作成する。 ―プロトタイプの作成― ⑨オリジナルスロットゲームを設計・作成する。 ―工夫・創造力の育成―	◇ボタンを押し続けると得点が入り続ける不具合（バグ）を取り上げ，解決への見通しをもたせて追究させ，プロトタイプを作成させる。　◆イ① ◇あらかじめどのようなゲームにしたいのか，計画書を作成させてから，プログラムを記述させる。また，試作品や昨年度の3年生のゲームを参考にさせ，機能を工夫するよう促す。 ◆ア②・イ②・ウ②	2 4
発展的な学習	⑩外部機器を制御するプログラムを作成したり，演示実験を見たりして，これまでの学習を振り返り，まとめをする。 ―計測・制御の基礎―	◇社会では，コンピュータで機器の動きをコントロールしているものが数多くあることや計測・制御システムの構成，プログラムが重要な役割を担っていることを理解できるようにする。　◆エ②	2

技術を習得させるとともに，順次・分岐・反復処理という情報処理の基本的な手順，変数・演算子・式というプログラミングの基本について習得させるようにする。

プログラミングの基礎的な知識・技術を身につけさせるために，この段階では，市川が示すプログラミング指導での4Mの原則[121]に基づき，問題の提示→サンプルの提示→意味の説明→達成問題→発展問題という学習過程を仕組む（図2-1）。

「問題の提示」の段階では，教師はスロットゲームを作成する際に必要となる内容を一つないし二つ含む完成したプログラムを提示する。これにより，生徒はどのようなプログラムを作成するのか目標を明確にして学習に臨むことができる。

「サンプルの提示」の段階では，教師はサンプルとなるプログラムをプリント資料（例：図2-3）にして生徒へ配布する。生徒はこのプログラムをそのまま記述し，提示された問題のプログラムを作成する。これにより，生徒はプログラムを作成できたという安心感をもちながら，自分が記述したプログラムの意味を，動作したプログラムから予想することができる。

「意味の説明」の段階では，教師は生徒が前段階で予想したプログラムの意味を説明する。その際，生徒が理解しやすいように，プログラムの内容や新出事項について，生徒が既にもっている概念や身近に存在する「もの」に例えながら（比喩して）説明する。生徒は自分が作成したプログラムを見返

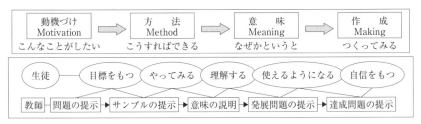

図2-1　プログラミング指導での4Mの原則（上図）[121]と基礎的段階の学習過程（下図）

しながらその意味の説明を聞くことになるので，より深い理解ができる。

「達成問題の提示」の段階では，教師は最初に提示した問題と同等レベルの問題を提示する。生徒はサンプルのプログラムを参考にしながら，問題となっているプログラムを作成する。これにより，生徒は新たに学んだプログラムを使えるようになる。

「発展問題の提示」の段階では，教師は達成問題よりやや複雑にしたレベルの問題を提示する。生徒はこのプログラムを作成することにより，新たに学んだプログラムを他の場面においても使いこなせるようになり，プログラムづくりに自信を深めていく。

また，「意味の説明」の段階を終えたところで，時間を指定して発展問題まで取り組ませる。この際，教師はVBの基本操作についてのみアドバイスを与えることとし，学習内容について理解不十分と思われる生徒については，机間指導において把握して事後指導に生かすようにする。なお，「サンプル・達成問題・発展問題」を取り組む段階では，配布したプリント教材を活用するようにして，一人で考えて学習を進めるように指示した。一例として学習問題「タイマーの使い方を学ぼう」におけるサンプル，達成課題，発展課題のプログラム例とプリント教材を示す（図2-2，図2-3）。

(3) 応用的学習

スロットゲームのプロトタイプを作成する場面（表2-2生徒の活動内容⑧）では，プログラムの不具合を解決していく方法を学ばせる。この際，扱う問題が複雑にならないようにするため，プロトタイプはスロットゲームとして成り立つための最低限の機能のみを備える仕様として取り組ませる。

多くの生徒は，プロトタイプを作成していく過程で，スロットが止まった後もストップボタンを押すと，得点が入り続けてしまう問題に遭遇する。このプログラムの不具合は，作成しているゲームソフトにとって重要な問題であることから，学級全体の問題として取り上げる。ここでの学習過程は，技術科でよく行われている問題解決的な学習過程，問題への遭遇→情報収集→

第2章 初歩のプログラミング教育における題材開発　41

サンプルプログラム

達成課題のプログラム　　発展課題のプログラム

図 2-2　学習問題「タイマーの使い方を学ぼう」におけるサンプル，達成課題，発展課題の各プログラム例

仮説立案→実践的検証[122]とする。プロトタイプの不具合は，ボタンの機能をあるタイミングで有効・無効にしたり，ボタンを表示，非表示したりすることにより，解決することができる。これは，ソフトウェア開発において重要となる，ユーザインターフェースの設計概念に触れることになる。

オリジナルスロットゲームを作成する場面（同⑨）では，同⑧で作成したプロトタイプを基にして，自分の目標に応じて設計したスロットゲームづくりを行わせる。生徒が作成するスロットゲームは，操作画面とゲーム機能が各自異なってくる。したがって，同⑨の学習過程は，個々が自己の課題を時間内に次々と取り組むものとなる（写真2-1）。

多くの生徒がプロトタイプから追加する機能等について，そのカテゴリ一覧を表2-3に示す。本題材は，プログラムの学習が主であることから，生徒にはカテゴリ表2-3中①②の項目に該当する内容（以下，工夫・創造項目）を，

資 料 4 ： タイマー

1 「タイマー（Ｔｉｍｅｒ）」の働き
(1) タイマーコントロールとは何！？
　いままでは、「ボタンを押す」という人間の動作に対して、コンピュータに何をさせるかプログラムを記述しました。すなわち、「ボタンを押す」というタイミングでコンピュータがあらかじめ　用意された命令を実行していました。

> タイマーは、このタイミングを指定した時間の間隔で発生させる部品です。

(2) タイマーコントロールの使い方
　これまでも、ボタン、ラベル、イメージなどのコントロールを利用しました。ポイントはプロパティを自由に操ることでした。

タイマーコントロールの代表的なプロパティ
Enabled
・これでタイマーを有効・無効にする
　（スイッチのようなもの）
＜使い方の例＞
　Timer1.Enabled=True　・・スイッチオン
　Timer1.Enabled=False　・・スイッチオフ

Interval
・タイミングを発生させる間隔
＜使い方の例＞
　Timer1.Interval=1000　・・1秒間隔
　Timer1.Interval=200　・・0.2秒間隔
なお、__1000が1秒__です。

2　サンプルプログラム

```
Private Sub Timer1_Timer()
    If Image1.Visible = True Then
        Image1.Visible = False
        Image2.Visible = True
    ElseIf Image2.Visible = True Then
        Image2.Visible = False
        Image1.Visible = True
    End If
End Sub
```

・Intervalで指定した「時間」ごとにコンピュータがここに記述された命令を読んで、実行する。
・この場合は、Image1とImage2の表示を切り替える。

スロットゲームの絵柄が切り替わるところはこれを記述すればよいのです。

図2-3　学習問題「タイマーの使い方を学ぼう」における学習プリント（資料）

写真2-1　オリジナルスロットゲームを作成する場面の様子

表2-3　工夫・創造項目の例

①ゲームの機能を多様にする
A：スロットの窓を3個以上にする B：一つの窓で切り替わる絵柄を3個以上にする C：スピードのレベル設定ができるようにする
②絵柄の状態に応じたアクションを多様にする
D：そろう絵柄によって入る得点を変え，そろわない場合は減点する E：絵柄がそろったときなどにコメントを表示する F：絵柄がそろったときなどに絵や模様を表示する G：スピードに応じて得点の加減方法を変化させる
③操作画面のデザインを多様にする
H：スロットの絵柄を変更したり，背景の画像を入れたりする I：コントロールの背景や文字色を変更する

最低4点は加えていくように事前指導する。図2-4に生徒が設計した図，これら一連の段階を経て最終的に生徒が作成したスロットゲームの一例を示す（ソースコードの一部は46頁図2-6参照）。

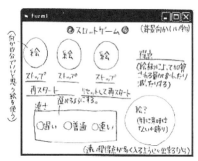 

図 2-4　完成作品例

3. 実験課題の設定

　以後の各章における実験課題については，基礎的学習を終えると作成可能となるスロットゲームのプロトタイプを基本とした。本課題の要件を表 2-4 に示す。本課題には，①画像の表示を制御する機能，②得点の加算，表示をする機能，③コントロールの表示・非表示を制御する機能等の各機能において，順次処理，分岐処理，反復的な処理（タイマーコントロールの動作）というプログラムの基本的な処理構造が含まれている（図 2-5）。

表 2-4　実験課題

〈課題：次の条件を満たすプログラムを作りなさい〉
1　スロットの窓は二つ
2　絵柄は三つ切り替わる
3　スペードでそろうと300点，ハートだと500点加算され，これ以外はすべて100点減点される
4　ゲームをやる人が左から順にボタンを押すように誘導する
5　再スタートボタンを押すとゲームの再スタートができる
　　また，ゲームの回数がカウントされ，フォーム上に表示される
6　絵柄の切り替わりのスピードは，2段階に設定できるようにする

図2-5 実験課題のプログラム例

4. 実験・調査を実施する上での配慮事項

　中学生を対象としている調査については，当該学校の理解をいただきながら，最低限表2-2に記述した内容が実施され，題材の目標に到達できるように配慮した。特に，比較のために学級単位で群分けを行った場合には，少なくとも同一学年学級間において教育効果（題材の目標の達成）の差が生じないように，学校裁量の時間を活用するなどして補充指導を行い，技術科としての教育内容の均一化には十分配慮した。

・変数の宣言
Dim total As Integer
Dim kaisu As Integer

・スタートボタンの動作
Private Sub Command3_Click ()
    Timer1.Enabled = True
    Timer2.Enabled = True
    kaisu = kaisu + 1
    Label1.Caption = kaisu
    Command1.Enabled = True
    Command3.Value = False
End Sub
・左ストップボタンの操作
Private Sub Command1_Click ()
    Timer1.Enabled = False
    Command1.Enabled = False
    Command2.Enabled = True
End Sub
・右ストップボタンの操作
Private Sub Command2_Click ()
    Timer2.Enabled = False
    Command2.Enabled = False
    If   Image1.Visible = True And
        Image4.Visible = True Then
        total = total + 500
    ElseIf Image2.Visible = True And
        Image5.Visible Then
        total = total + 300
    Else
        total = total − 100
    End If
    Label2.Caption = total
    Command3.Enabled = True
End Sub

・絵柄の切り替え表示1
Private Sub Timer1_Timer ()
    If Image1.Visible = True Then
        Image1.Visible = False
        Image2.Visible = True
    ElseIf Image2.Visible = True Then
        Image2.Visible = False
        Image3.Visible = True
    ElseIf Image3.Visible = True Then
        Image3.Visible = False
        Image1.Visible = True
    End If
End Sub
Private Sub Timer2_Timer ()
    If   Image4.Visible = True Then
        Image4.Visible = False
        Image5.Visible = True
    ElseIf Image5.Visible = True Then
        Image5.Visible = False
        Image6.Visible = True
    ElseIf Image6.Visible = True Then
        Image6.Visible = False
        Image4.Visible = True
    End If
End Sub
・絵柄の切り替え速度調整
Private Sub Option1_Click ()
    Timer1.Interval = 2000
    Timer2.Interval = 2000
End Sub
Private Sub Option2_Click ()
    Timer1.Interval = 1000
    Timer2.Interval = 1000
End Sub
Private Sub Option3_Click ()
    Timer1.Interval = 500
    Timer2.Interval = 500
End Sub

※このプログラムコードは，Microsoft Visual Basic Version6.0で作成したものである．

図2-6　プログラムコード例

第3章
イベントドリブン型の言語を活用したプログラミングにおける問題解決過程の質的分析

1. 問題と目的

　第1章で述べたように，VBをはじめとするイベントドリブン型の言語を活用したプログラミングは，オブジェクトを配置してプロパティを設定した上で，イベントに対応したプログラムコードを記述することにより，オブジェクトを機能化していくプログラミングスタイルが用いられる。このため，イベントドリブン型の言語を活用したプログラミングには，従来のLOGOやBASICのようなプログラミングとは異なった考え方やプロセスが必要とされ，両者の間には問題解決過程の特徴に異なる点が存在するものと考えられる。しかし，詳細な内的過程の分析に基づくイベントドリブン型の言語を活用したプログラミングの問題解決過程については，これまでのところ明らかにされてはいない。

　本章では，初歩的なプログラミング教育の改善に向けた取り組み，とりわけ学習支援システムの開発に向けた基礎的知見を得るために，イベントドリブン型の言語を活用したプログラミングにおけるプロトコル分析を行い，問題解決過程の特徴を把握するとともに，今後の研究に向けた分析の枠組みを作成する。

　具体的には，大学生を対象として，中学生が取り組むプログラミング課題と同一の課題に取り組んでもらい，プロトコル分析[123]を実施し，イベントドリブン型の言語を活用したプログラミングにおける問題解決過程を記述するカテゴリを探索的に設定することにした。プロトコル分析は，内的過程に関わる先行研究においても多用されている手法である。ここで，被験者を中

学生ではなく大学生としたのは，①一般に内省を言語表現する能力は中学生よりも大学生の方が発達しており，プロトコルの不完全さを和らげることができること，②城らの先行研究によれば，中学生と大学生との間には「自らを振り返る力」であるメタ認知能力に極端な発達的差異が認められない[124]こと，などの理由からである。

2. 方　法

2.1 被験者

本研究では，被験者を大学生（中学校技術科を専攻）計6名（男子5名，女子1名）とした。以後，各被験者の表記はA生〜F生で示す。被験者には，本研究に入る前においてVBの基礎的なスキルを習得できるように指導した。

2.2 課　題

課題は，生徒が作成するスロットゲームのプロトタイプに準じた課題（表2-4）とした。

2.3 実験の手続き

実験は，A県内の中学校で実施した。実験室に，VBのインストールされたパソコンを設置し，各被験者がプログラムを作成する様子を，後方よりVTRで撮影した（図3-1）。

実験では，はじめに，被験者にラポール（ここでは何をいってもよいこと，成績などには関係ないことなど，被験者との信頼関係を築くこと）を取った。その後，実験者があらかじめ用意しておいた資料で，VBに関する基礎的な事項を確認させた。次に，課題（表2-4）を提示するとともに，用意した資料を自由に参照してよいこととして，プログラムを作成させ，その様子をVTRで撮影した。その際，被験者には何を考えているのかを発話してもらうようにした。また，実験者は，基本的に外的な刺激を与えないように配慮した。

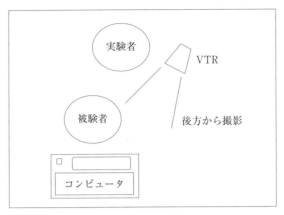

図 3-1　実験室のレイアウト

ただし，被験者の発話が少なくなった場合について，「今考えていることを発話してください」など，実験に中立的な指示を与えた。実験は，被験者が完成したと意思表示をした段階で終了とした。

2.4　分析の手続き

　実験終了後，VTRを再生し，各被験者の発話プロトコルと操作内容を抽出した。次に，各被験者の発話プロトコルと操作内容から，操作の対象に関するカテゴリ（以下，カテゴリⅠ），問題解決の過程に関するカテゴリ（以下，カテゴリⅡ）を作成した。この際，分析基準の信頼性を確保するために，教員経験年数10年以上の技術科担当教員4名（実験者も含む）によって，1ヶ月間のインターバルをおいて2回行い，2回とも同一カテゴリに分類されたものを分析データとして採用するようにした。

3.　結果と考察
3.1　プログラム作成作業を記述するカテゴリの設定

　実験の結果，全被験者が課題のプログラムを完成することができた。

表3-1には，一例として被験者B生から採取した「発話プロトコルと操作状況」の例を示す。

各被験者の「発話プロトコルと操作状況」を基にして，前述した技術科担当教員4名で協議した結果，発話プロトコル及び操作内容から，イベントドリブン型の言語を活用したプログラミングのプロセスを記述するための二つのカテゴリが設定された。カテゴリIでは，主として操作内容の系列から，「オブジェクトの貼り付け」，「オブジェクトのプロパティ設定」，「コーディング」，「アプリケーション操作」の4カテゴリが設定できた（表3-2）。カテゴリIIでは，主として発話プロトコルから，「プラン」，「行為の実行」，「誤操作」，「点検」，「評価」，「誤記エラーの生起」，「文法エラーの生起」，「論理エラーの生起」，「オブジェクトエラーの生起」，「エラーの修正」，「参照」の11カテゴリが設定できた（表3-3）。

表3-1　採取した発話プロトコルと操作状況の例（被験者Bの導入場面）

時間	発話プロトコル	操作の内容
0:00	〈実験者〉それでは始めます。	
0:19	VBを立ち上げて，新規作成ですからこのまま開きます。	VBのアイコンをダブルクリックして，標準EXEを選択する。
	えーと，はじめに見た目を作ってしまいたいと思います。	
	まず，イメージオブジェクトを貼ります。	
	（無言）	Imageオブジェクトをフォームに貼る。
	絵柄を指定します。	
	（無言）	絵柄をPictureプロパティで指定する。
0:50	左の列ができたので，今度は右の列を作ります。	右の列の絵柄をPictureプロパティで指定する。
	まず，スペードが必要だからこれを貼ります。次にハートが必要なのでハートをだします。三つ目は，何でも良さそうなのでダイヤにしておこうかなと思います。	

時刻	発話	操作
1:20	絵柄を重ねておきます。	各絵柄を重ねる。
1:30	次にストップボタンをつけます。	
1:33	ボタンを二つ配置します。	ボタンを二つフォームへ貼り付ける。
1:37	ストップボタンのキャプションにストップと打ちます。右のボタンも同様にしていきます。	
1:45	（無言）	ボタンのキャプション指定をする。
2:03	次に，再スタートのボタンも作っておきます。	
	（無言）	再スタートボタンを貼り付ける。
2:17	ちょっとフォームのバランスが悪いので，修正します。	フォームのサイズを変更して，コントロールの位置を変更する。
2:31	このくらいかな。	フォーム上のバランスを確認する。
2:37	えーと，タイマーを作っておきます。	
	（無言）	フォームにタイマーを貼り付ける。
2:45	次に得点を書く欄を二つ作っておきます。	
	（無言）	ラベルを貼り付ける
	〜以下，省略〜	〜以下，省略〜

表 3-2　分類カテゴリの設定（カテゴリⅠ：操作の内容に対する分類カテゴリ）

カテゴリ名	説　明（上段：定義，下段：事例）
オブジェクトの貼り付け	オブジェクトをフォーム上に配置・削除する操作 例）コントロールツールボックスからボタンを選択して，フォームウィンドウへ貼り付ける。
オブジェクトのプロパティ設定	オブジェクトのプロパティを，プロパティウィンドウにて設定・修正する操作 例）プロパティウィンドウから，タイマーのintervalプロパティを500に設定する。
コーディング	オブジェクトに対するコーディングを行う操作 例）最上部に Dim total As Integer と入力する。
アプリケーション操作	インタプリタ機能を活用してプログラムを実行する操作 例）メニューバーから「実行」を選択して，プログラムを実行する。

表 3-3　分類カテゴリの設定（カテゴリⅡ：問題解決のプロセスに対する分類カテゴリ）

カテゴリ名	説明（上段：定義，下段：事例）
プラン	問題の解決方法に対する構想・計画 例）「ラベルに得点を表示できるようにしたいと思います。」と発言する。
行為の実行	構想した解決行動の実行 例）「Else を使えばいいのか？」と発言して，Else total=total-300 を追加して実行する。
誤操作	解決行動時の誤り 例）本来オブジェクト「Timer」をダブルクリックするところを，オブジェクト「Label2」をダブルクリックしてコードウィンドウを開いてしまう。
点検	解決行動によって得られた結果に対する振り返り 例）コードウィンドウをスクロールさせ「コードを見なおしたいと思います。」と発言する。
評価	解決行動の適否に対する判断 例）「あ，でてきた。よし。はい！OK！スペードでそろうと100点加算されるミッショッションクリアです。」と発言する。
誤記エラーの生起	入力ミスによるエラーの生起 例）「あぁ！スペルが違う！」と発言する。
文法エラーの生起	コマンドの文法に対する不整合によるエラーの生起 例）「え！End If がない…。（4秒後）ほんとだ。ここか。つうことは，ここも。End If 忘れるな。」と発言する。
論理エラーの生起	処理手順に対するアルゴリズムの不整合によるエラーの生起 例）「イメージ1が出ているときに（イメージ）3も一緒にでてしまうということが今わかりました。」と発言する。
オブジェクトエラーの生起	オブジェクトにかかわるエラーの同定 例）実行時エラー424「オブジェクトが必要です」が表示され，「あれ！何？何がおかしい？あ！オブジェクトがない。」と発言する。
エラーの修正	同定されたエラーに対する修正行動 例）左側のストップボタンをダブルクリックしてコードウィンドウを開き，その領域に Command2.Visible=True と入力する。
参照	資料等を用いた関連知識の参照（情報の収集・確認） 例）「どうすりゃいいんだろう。初歩的なとこでミスッタな。」と発言し，資料を閲覧する。

3.2 カテゴリ間の被験者別出現頻度

表3-4，表3-5は，表3-2，表3-3の分類に基づいて，カテゴリⅠ，カテゴリⅡの被験者別出現頻度とパーセンテージを示したものである。

カテゴリⅠにおいて，カテゴリ×被験者に対するχ^2検定を行ったところ，その出現頻度に有意な偏りが認められた（$\chi^2(15)=33.45, p<.01$）。また，カテゴリⅡでは，各エラーの生起を「エラーの生起」に統合した上で，同様のχ^2検定を行った。しかし，その出現頻度に有意な偏りは認められなかった（$\chi^2(25)=26.78, n.s.$）。

このことから，イベントドリブン型の言語を活用したプログラミングでは，各被験者の操作系列に顕在的な個人差が生じているものの，内的な問題解決過程には共通性があることが示唆された。

3.3 カテゴリ間のクロス集計

カテゴリⅠ・Ⅱを用いてクロス集計を行った。その際，集計表に出現頻度が認められたカテゴリの組み合わせに着目して，カテゴリ名を再編した（表3-6）。

表3-4 各カテゴリの被験者別出現頻度とパーセンテージ
（カテゴリⅠ：操作の内容に対する分類カテゴリ）

カテゴリ名		A	B	C	D	E	F	計
オブジェクトの貼り付け	度数	15	19	32	23	20	8	117
	%	(9.3)	(16.1)	(16.0)	(11.5)	(10.4)	(7.5)	—
オブジェクトのプロパティ設定	度数	22	27	29	24	21	7	130
	%	(13.6)	(22.9)	(14.5)	(11.9)	(10.9)	(6.6)	—
コーディング	度数	83	45	95	92	93	49	457
	%	(51.2)	(38.1)	(47.5)	(45.8)	(48.2)	(46.2)	—
アプリケーション操作	度数	42	27	44	62	59	42	276
	%	(25.9)	(22.9)	(22.0)	(30.8)	(30.5)	(39.7)	—
計	度数	162	118	200	201	193	106	
	%	(100)	(100)	(100)	(100)	(100)	(100)	

表3-5 カテゴリの被験者別出現頻度とパーセンテージ
（カテゴリⅡ：問題解決のプロセスに対する分類カテゴリ）

カテゴリ名		A	B	C	D	E	F	計
プラン	度数	42	36	55	56	53	28	270
	%	(25.8)	(30.5)	(27.5)	(27.8)	(27.4)	(26.4)	—
行為の実行	度数	39	38	43	45	32	25	222
	%	(24.1)	(32.3)	(21.5)	(22.3)	(16.6)	(23.6)	—
誤操作	度数	3	0	1	1	1	0	6
	%	(1.9)	(0.0)	(0.5)	(0.5)	(0.5)	(0.0)	—
点検	度数	28	17	50	44	43	25	207
	%	(17.3)	(14.4)	(25.0)	(21.9)	(22.3)	(23.6)	—
評価	度数	15	10	13	13	14	14	79
	%	(9.3)	(8.5)	(6.5)	(6.5)	(7.3)	(13.2)	—
誤記エラーの生起	度数	2	1	2	2	0	2	9
	%	(1.2)	(0.8)	(1.0)	(1.0)	(0.0)	(1.9)	—
文法エラーの生起	度数	4	2	6	2	3	0	17
	%	(2.5)	(1.7)	(3.0)	(1.0)	(1.6)	(0.0)	—
論理エラーの生起	度数	6	4	8	17	19	5	59
	%	(3.7)	(3.4)	(4.0)	(8.5)	(9.8)	(4.7)	—
オブジェクトエラーの生起	度数	2	1	4	1	0	0	8
	%	(1.2)	(0.8)	(2.0)	(0.5)	(0.0)	(0.0)	—
エラーの修正	度数	15	9	14	15	22	6	81
	%	(9.3)	(7.6)	(7.0)	(7.5)	(11.4)	(5.7)	—
参照	度数	6	0	4	5	6	1	22
	%	(3.7)	(0.0)	(2.0)	(2.5)	(3.1)	(0.9)	—
計	度数	162	118	200	201	193	106	
	%	(100)	(100)	(100)	(100)	(100)	(100)	

　例えば，カテゴリⅠ「オブジェクトの貼り付け」とカテゴリⅡ「プラン」との組み合わせは，フォームデザインの計画とオブジェクト配置方略の構想を意味していることから，新たに「フォームデザインの構想」というカテゴリ名を付した。また，カテゴリⅠ「コーディング」とカテゴリⅡ「点検」と

表3-6 問題解決過程を記述する分類カテゴリの設定

略号	カテゴリ名	内容
PO	フォームデザインの構想	フォームデザインの計画とオブジェクト配置方略の構想
PP	オブジェクトの初期機能構想	オブジェクトに対する初期プロパティ設定の構想
PC	オブジェクトに対するコーディング構想	オブジェクトに対するコーディング方略の構想
GO	オブジェクトのレイアウト	オブジェクトの配置作業の実行
GP	オブジェクトのプロパティ設定	オブジェクトに対するプロパティの設定作業の実行
GC	オブジェクトに対するコーディング	オブジェクトを機能化するコーディング作業の実行
ChP	オブジェクト名とコードの関連づけ	オブジェクト名とプログラムコードとの対応関係の点検
ChC	メンタルランニング	プログラムコードの心的実行と結果の予測
ChA	プログラムの試行的実行	作成したプログラムの試験的な実行
SO	フォームデザインの確認	イメージデザインと表示されたプログラムの確認
SC	ソースコードの評価	実行結果に基づくプログラムコードの適否の判断
SA	動作の評価	予測した実行結果と実際の実行結果との一致（又はズレ）の判断
GeA	コード記述場所指定の誤操作	プログラムコードを記述する場所の誤認による操作
TeC	誤記エラーの同定	誤記エラーの認識
SeC	文法エラーの同定	文法エラーの認識
ReC	論理エラーの同定	プログラムの実行前の論理エラーの認識
ReA	論理エラーの状況把握	プログラムの実行後の論理エラーの認識
OeA	オブジェクトエラーの同定	オブジェクトエラーの認識
DP	オブジェクト・プロパティの修正	エラー認識に基づくオブジェクトのプロパティ修正
DC	ソースコードの修正	エラー認識に基づくプログラムコードの修正
HC	参照による知識の確認と活用	コーディング場面における資料の参照行動

の組み合わせは，プログラムコードの心的実行と実行結果の予測を意味していることから，新たに「メンタルランニング」というカテゴリ名を付した。同様の手続きで，計21項目のカテゴリ名を設定した。

　カテゴリ間のクロス集計の結果を表3-7に示す。その結果，「オブジェクトに対するコーディング構想」，「プログラムの試行的実行」，「オブジェクトに対するコーディング」，「ソースコードの修正」の出現頻度が多くなった。一方，「コード記述場所指定の誤操作」，「ソースコードの評価」，「論理エラーの同定」，「オブジェクトエラーの同定」，「誤記エラーの同定」等の出現頻度は極めて少なくなった。

　このことから被験者は，コーディングの構想を立てた後，入力作業を行い，確認のために試行的にプログラムを実行する方法で，問題解決を展開している状況が推察された。また，これら21項目のカテゴリは，イベントドリブン型の言語を活用したプログラミングの特徴であるフォーム作成や，フォームとプログラムコードの結びつけなど，オブジェクトとその機能化に関わる問題解決の過程を記述することができる。そこで本研究では，これを「イベントドリブン型の言語を活用したプログラミングにおける問題解決過程を記述するカテゴリ」と名づけ，以下の分析の枠組みとして利用することにした。

3.4　プログラム作成作業の時系列的展開

　次に，再編したカテゴリの時系列的な出現に着目し，各被験者の作業タイプを分類した。最初に，時系列にしたがい「イベントドリブン型の言語を活用したプログラミングにおける問題解決過程を記述する分類カテゴリ」を並べた（表3-8）。

　そこで，被験者の各カテゴリの時系列的な出現順序について，プロセスの区切りをSA-PO，SC-POが連続して表出する部分とし，被験者別にその出現パターンをダイアグラム化した。

　再編したカテゴリの時系列的な展開は，すべての被験者が，PO「フォー

第3章　イベントドリブン型の言語を活用したプログラミングにおける問題解決過程の質的分析

表3-7　二つのカテゴリのクロス集計による新カテゴリの設定

	オブジェクトの貼り付け			オブジェクト構想のプロパティ設定			コーディング										アプリケーション操作				
	フォームデザインの構想 [PO]	オブジェクトのレイアウト [GO]	フォームデザインの確認 [SO]	オブジェクトの初期機能構想 [PP]	オブジェクトのプロパティ設定 [GP]	オブジェクト名とコードの関連づけ [ChP]	オブジェクトに対するコーディング構想 [PC]	オブジェクトに対するコーディング [GC]	メンタルランニング [ChC]	ソースコードの評価 [SC]	誤記エラーの同定 [TeC]	文法エラーの同定 [SeC]	論理エラーの同定 [ReC]	オブジェクト・プロパティの修正 [DP]	ソースコードの修正 [DC]	参照による知識の確認と活用 [HC]	コード記述場所指定の誤操作 [GeA]	プログラムの試行的実行 [ChA]	動作の評価 [SA]	論理エラーの状況把握 [ReA]	オブジェクトエラーの同定 [OeA]
プラン	50	—	—	52	—	—	168	—	—	—	—	—	—	—	—	—	—	—	—	—	—
行為の実行	—	54	—	—	57	—	—	111	—	—	—	—	—	—	—	—	—	—	—	—	—
誤操作	0	0	—	—	—	—	—	—	—	—	—	—	—	—	—	—	6	—	—	—	—
点検	—	—	0	—	—	10	—	—	47	—	—	—	—	—	—	—	—	150	—	—	—
評価	—	—	13	—	—	0	—	—	0	8	—	—	—	—	—	—	—	—	58	—	—
誤記エラーの生起	—	0	—	—	0	—	—	0	—	—	9	—	—	—	—	—	—	—	—	—	—
文法エラーの生起	—	0	—	—	0	—	—	0	—	—	—	17	—	—	—	—	—	—	—	—	—
論理エラーの生起	—	0	—	—	0	—	—	0	—	—	—	—	5	—	—	—	—	—	—	54	—
オブジェクトエラーの生起	—	0	—	—	0	—	—	0	—	—	—	—	—	—	—	—	—	—	—	—	8
エラーの修正	—	0	—	—	0	—	—	0	—	—	—	—	—	11	70	—	—	—	—	—	—
参照	—	0	—	—	0	—	—	0	—	—	—	—	—	—	—	22	—	—	—	—	—

※各セルは解釈度[略号]と数を示す

表 3-8 各被験者における「イベントドリブン型の言語を活用したプログラミングにおける問題解決過程を記述する分類カテゴリ」の時系列による並び

順	被験者 A	B	C	D	E	F	順	A	B	C	D	E	F	順	被験者 A	B	C	D	E	F
1	PO	PO	PO	PO	PO	PO	68	GP	PC	ChA	DP	ReA	ChA	135	GC		GC	PC	ChA	
2	GO	PO	GO	GO	GO	PO	69	PO	GC	GC	PO	PC	ReA	136	ChA		ChA	GC	SA	
3	PO	GO	PP	GP	PP	PP	70	GO	SeC	PC	ChA	DP	PC	137	SA		SC	ChA	PC	
4	GP	PP	GP	GeA	GP	GP	71	PC	ChP	DC	PO	ChA	GC	138	ChA		ReC	ReA	PC	
5	PO	PP	SP	PO	SP	PO	72	GeA	DC	ChA	GO	ReA	ChA	139	ReA		PC	PC	ReA	GC
6	GO	GP	PO	PO	GO	PP	73	GC	GC	GC	PP	ChC	ReA	140	ChA		PC	PC	GC	ChA
7	GeA	GP	GO	PO	PP	GP	74	ChP	GC	ChA	PP	DC	DC	141	DC		DC	GC	PC	ReA
8	PP	SP	SP	GO	PP	GP	75	GC	TeC	PC	GP	PC	ChA	142	GC		ChA	PC	PC	PC
9	GP	PO	GO	GO	GP	PO	76	SeC	GC	ChC	GP	PC	PC	143	ReA		SeA	ChA	DC	
10	PO	GO	GO	SP	SP	GO	77	HC	GC	SC	GP	DC	DC	144	ChA		ChC	SA	ChA	
11	GO	PP	PP	PO	PO	PP	78	DC	PC	GC	ChA	DC	DC	145	ReC		DC	PC	ReA	
12	PP	GP	GP	GO	PO	GP	79	HC	GC	GC	SA	ChA	SA	146	DP		TeC	DC	HC	
13	GP	PO	GO	GC	PP	PO	80	SeC	ChA	PC	PO	ReA	PC	147	DC		DC	ChA	PC	
14	PC	GO	PP	GC	PP	GO	81	DC	ReA	ChP	PP	DC	GC	148	ChA		ChC	OeA	DC	
15	GO	GO	PP	TeC	GP	PO	82	DC	DC	PC	GP	DC	ChA	149	OeA		ChA	PP	ChA	
16	PP	SO	GP	DC	PO	PC	83	GC	DC	GC	GP	ReA	SA	150	OeA		PC	GP	PC	
17	GP	PO	PO	PP	GO	GC	84	GC	ChA	GC	PP	PC	PC	151	DP		GC	ChA	PC	
18	PP	GO	GP	GP	PP	TeC	85	HC	SA	ChA	PP	PC	PC	152	SA		SeA	SA	GC	
19	GP	GO	PP	ChA	GP	GC	86	GeA	PC	PC	GP	ChA	ChA	153	ReA		DC	PC	PC	
20	ChP	GO	GP	DC	SP	ChA	87	PC	DC	GC	GP	ReA	PC	154	PC		ChA	GC	ReA	
21	GC	GP	DP	ChA	PO	TeC	88	DC	ChA	ChA	GP	HC	GC	155	DC		ChA	ChA	DC	
22	TeC	GP	GO	TeC	GO	DP	89	PC	SA	ReA	GO	PC	ChA	156	ChA		PC	ReA	ChC	
23	DC	GP	PP	PC	GO	ChA	90	GC	PP	PP	SO	DC	PC	157	ReA		GC	PP	ChA	
24	TeC	GP	GP	DC	GP	SA	91	ChA	DP	ChA	SP	ChC	GC	158	ChC		PC	DP	PC	
25	HC	PP	GP	ChA	SP	PC	92	SA	ChA	HC	SC	ChC	ChA	159	PC		HC	ChA	PC	
26	DC	DC	OeO	ChC	PO	GC	93	GC	PC	PC	PC	SA	ReA	160	DC		GC	SA	PC	
27	PC	GO	DO	ChC	PO	SA	94	SA	GC	HC	GC	PC	PC	161	ChA		ChA	GC	GC	
28	GC	GO	SO	GO	PP	PC	95	ChA	ChA	ChA	PC	GC	ChC	162	SA		SA	PC	PC	
29	ChA	GP	PO	ChA	GP	GC	96	PC	ReC	ChC	ReC	ChA	DC	163	PC		PC	ChA	GC	
30	SeC	GP	ReA	ReA	PP	ChA	97	GC	DP	ChC	PC	SA	ChA	164	GC		GC	ReA	PC	
31	ChC	GP	GO	ChC	GO	SA	98	ChP	DC	GO	GO	SA	GC	165	ChC		ChC	PC	SA	
32	HC	GP	PO	HC	PO	PC	99	ChA	ChA	PO	PC	PO	PC	166	PC		PC	GC	PC	
33	ChC	PO	GO	ChC	GO	GC	100	SA	SA	GO	SeC	GC	GC	167	GC		GC	GC	GC	

第3章　イベントドリブン型の言語を活用したプログラミングにおける問題解決過程の質的分析

#										#										#					
34	PC	GO	PO	PC	PP	ChC	PC	ChA	ReA	ChA	101	PC	PC	GC	ChC	ChA	ChA				168	ChA	SeA	ChA	ReA	ChA
35	DC	GP	GO	GC	GP	ChA	GC	SeA	PC	PC	102	GC	GC	SeC	ChA	SA	SA				169	SA	SeA	PC	PC	PC
36	ChA	SO	PP	ChA	ChP	SA	ChA	GC	DC	GC	103	PC	PC	DC	SA	PC	PC				170	PC	GC	DC	DC	GC
37	SA	PC	GP	ReA	GeA	PC	ChA	DC	ChA	PC	104	GC	GC	PC	PC	GC	GC				171	GC	ChA	PC	ChA	PC
38	PC	PP	PP	ChC	PC	GC	ReA	PC	ReA	ChA	105	PC	PC	GC	ChC	ChA	ChA				172	SA̲A̲	ReA	ChA	ReA	ChA
39	GC	PC	PP	PO	GC	SA	PC	GC	PC	GC	106	PC	SA	ReA	ChA	ReA	SA				173		DC	PC	PC	GC
40	SA	PC	PC	GO	SC	SA	PC	ChC	DC	SeA	107	PC	PC	ChC	ReA	ChC	PC				174		ChA	HC	HC	ChA
41	ChA	GC	GP	ChA	ChA	PC	GC	ChA	HC	DC	108	PC	GC	ChA	PC	ChA	PC				175		SeA	PC	PC	SeA
42	PC	PP	SO	ReA	SeA	GC	PC	OeA	PC	ReA	109	GC	PC	PC	DC	PC	GC				176		DC	GC	GC	DC
43	GC	GP	PC	ChC	DC	CnA	DC	ChC	GC	ChA	110	PC	ChC	PC	ChA	DC	ChA				177		DC	ChA	ChA	ReA
44	SeC	GC	ChA	DC	DC	CnA	CnA	HC	ChA	ReA	111	ChC	ChA	CnA	DC	CnA	ReA				178		ReA	ReA	ReA	ReA
45	DC	SeA	GO	DC	ReA	CnA	CnA	CnA	ReA	PC	112	CnA	DC	CnA	CnA	CnA	PC				179		CnC	PC	PC	DC
46	ChC	DC	PP	ChC	ChC	SA	ChA	PC	PC	DC	113	SA	PC	DC	ChC	CnC	GC				180		ChA	CnA	CnA	ChC
47	SA	PC	GP	SA	GP	PC	DC	ChC	DC	ChC	114	ReA	ReA	ReA	CnA	ReA	GC				181		ReA	ReA	ReA	ChC
48	PC	PC	GeA	PC	DP	GC	PC	OeA	PC	ReA	115	SC̲	DP	CnA	ReA	CnC	ReA				182		CnC	CnC	CnC	ReA
49	GC	GC	PO	PO	CnC	HC	CnA	CnC	CnA	CnC	116	PO̲	CnC	ReA	CnC	CnC	CnC				183		ChA	HC	HC	CnC
50	ChA	GC	GO	CnA	CnA	CnC	PC	CnC	CnC	HC	117	GO	ChA	PC	ChA	CnC	PC				184		SA	PC	PC	HC
51	SA̲	ChA	PP	CnC	CnA	CnC	GC	OeA	ChA	PC	118	PP	ReA	GC	DC	OeA	GC				185		ReA	DC	DC	PC
52	PO̲	GP	PC	ReA	ReA	DC	SC	ChC	DC	DC	119	GP	CnC	PC	SC	CnC	DC				186		PC	CnA	CnA	DC
53	GO	PC	PO	PC	CnA	PC	PC	OeA	CnA	SC	120	PC	PC	PC	PC	CnC	PC				187		DC	PC	PC	SC
54	PP	GC	GO	PC	CnA	CnA	ChA	CnC	PC	CnA	121	PC	CnA	GC	CnA	CnP	ChP				188		DC	DC	DC	CnA
55	GP	CnA	PP	ReA	CnA	CnA	ReA	CnP	CnA	SeA	122	HC	ReA	CnA	DC	CnA	ReA				189		CnA	CnA	CnA	SeA
56	PC	OeA	GP	PP	CnA	CnC	PP	CnA	HC	HC	123	GC	CnC	CnA	ChA	ChA	ChA				190		PC	SA	SA	DC
57	GC	PP	GO	GP	PC	PC	PC	OeA	PC	CnC	124	PC	PC	PC	DC	ChA	DC				191		GC	PC	PC	CnC
58	ReC	DP	PP	GO	HC	SA	GC	ChC	DC	CnA	125	GC	HC	GC	DC	ChC	DC				192		ChA	HC	HC	ChA
59	PC	GP	GP	PP	ChC	PC	PC	ChA	ChA	ChA	126	SA	PC	GC	DC	ChC	DC				193		ReA	PC	PC	SA̲A̲
60	DC	SA	ChA	PC	ChA	ChA	ChA	ChA	ReA	DC	127	PC	ReA	ChA	DC	ChA	DC				194		PC	GC	GC	
61	ChA	CnA	SA	DC	DC	ReA	PC	CnC	HC	SC	128	GC	PC	PC	ChA	TeC	SA				195		DC	ChA	ChA	
62	SA̲	PC	GC	GC	DC	PC	GC	DC	SA	CnA	129	PC	PC	DC	DC	DC	PC				196		PC	SA	SA	
63	PO̲	GC	PC	PC	CnA	PC	CnA	ChA	PC	SeA	130	GC	GC	DC	DC	CnA	GC				197		DC	PC	PC	
64	GO	GC	CnC	DP	DC	CnA	ChA	ReA	CnA	DC	131	PC	ChC	ReA	CnC	ReA	ChA				198		ChA	GC	GC	CnC
65	PP	CnA	SC	CnA	HC	ReA	CnA	ChA	ReA	CnC	132	ChA	SC	CnA	CnA	SeA	ReA				199		SeA	CnA	CnA	CnA̲
66	GP	SA	PC	PC	DC	PC	SA	CnA	PC	CnA	133	SA	GC	PC	PC	PC	PC				200			SA	SA	
67	PP	PC	GC	GC	ChA	PC	PC	PC	CnA		134															

━━ プロセス SA-PO, SC-PO が連続して表出する場所　　　　━━━ プロセスの終了

ムデザインの構想」でスタートし，SA「動作の評価」で終了していた。また，SC「ソースコードの評価」も，頻度は少ないものの，実行結果に基づくプログラムコードの適否の判断という観点から，SAと同様に作業の終了時に表出した。これらのことから，オブジェクトの構想から動作の確認に至る問題解決が，時系列的な作業課題のまとまりを形成しているのではないかと考えられる。

被験者B・C・E・F生の4人では，総数に差があるものの，プロセスの区切りとなるSA-PO, SC-POが途中に表出することなく，作業が終了した。この場合，被験者A・D生とは異なり，フォームの作成からコーディングを行っていくプロセスが1セットのみ表記される。このようなパターンは，オブジェクトや機能という単位ではなく，プログラム全体をユーザインターフェースのデザインとプログラムコードの記述とに分けて，作業課題を設定する方略であると考えられる。図3-2は，一例としてF生のダイアグラムを示す。

被験者D生では，プログラム作成作業の途中に一カ所だけ，SA-POの組み合わせが表出した。具体的には，絵柄の切り替わり機能と再スタート機能動作の作成→得点・カウンター表示機能の作成，すなわち，スロット動作の機能（機能1）とゲーム的要素の機能（機能2）とに分割し，フォームの作成，コーディングと繰り返していた。このようなパターンは，特定の機能のまとまりごとに作業課題を設定し，プログラムを作成する方略であると考えられる（図3-3）。

被験者A生では，プログラム作成の途中に，SA-PO, SC-POの区切れが三カ所表出した。具体的には，絵柄の切り替わり機能の作成→再スタート動作機能の作成→得点表示機能の作成→カウンター表示機能の作成と進めており，それぞれにおいて，フォームの作成，コーディングを繰り返していた。このようなパターンは，個々のオブジェクトに近い単位にて，作業課題を設定し，その組み合わせでプログラム全体を作成する方略であると考えられる（図3-4）。

第3章 イベントドリブン型の言語を活用したプログラミングにおける問題解決過程の質的分析　　61

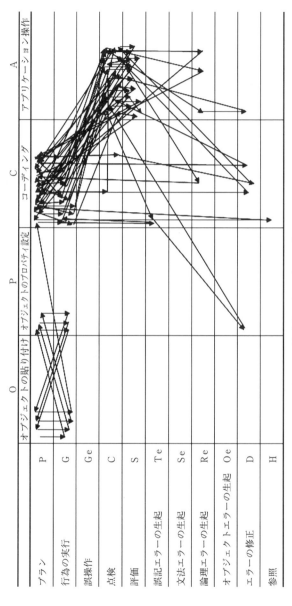

図3-2　被験者F生のダイアグラム

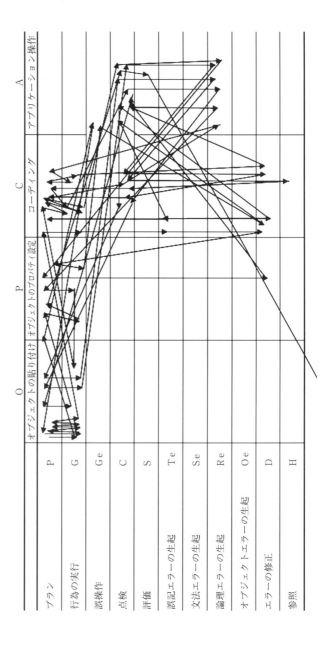

第3章 イベントドリブン型の言語を活用したプログラミングにおける問題解決過程の質的分析　63

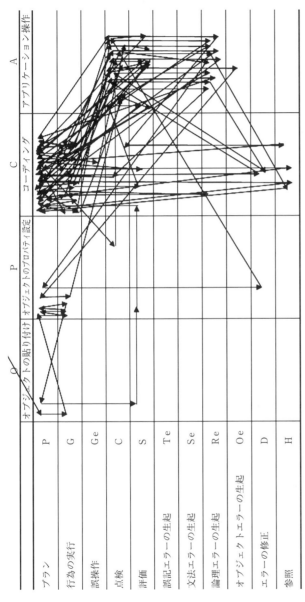

図3-3　被験者D生のダイアグラム

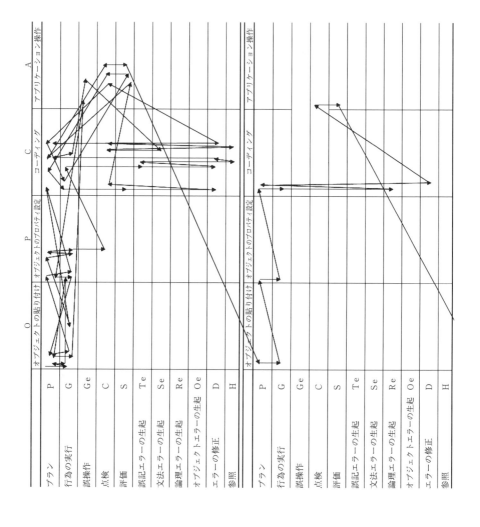

第3章 イベントドリブン型の言語を活用したプログラミングにおける問題解決過程の質的分析　65

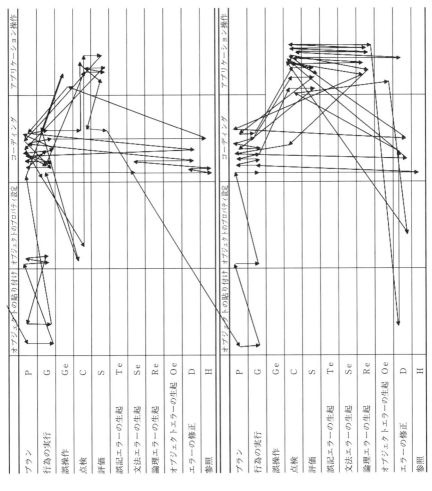

図3-4　被験者A生のダイアグラム

3.5 プログラム作成作業における課題分割方略

これらの作業方略の違いを，前述した技術科担当教員4名で協議して図3-5に整理した。

図3-5では，Z字型の矢印で示した問題解決の流れが，フォームの作成とコーディングという一つの作業課題を示している。そして，プログラム作成作業全体が，単独又は複数の作業課題の組み合わせで構成されている。作業課題を設定する方略は，オブジェクトに近い単位でフォームの作成とコーディングを行うタイプⅠ（被験者A生），機能別にフォームの作成とコーディングを行うタイプⅡ（被験者D生），プログラム全体でフォームの作成とコーディングを行うタイプⅢ（被験者B・C・E・F生）とに分類することができた。これらは，プログラム作成時のプラン形成における課題分割方略の違いを示唆するものである。

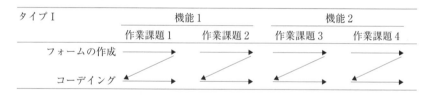

図3-5 各被験者の課題分割方略のタイプ

4. まとめ

 以上，本章では，イベントドリブン型の言語を活用したプログラミングにおけるプログラム作成作業を対象に，プロトコル分析を行った。その結果，イベントドリブン型の言語を活用したプログラミングにおける問題解決過程の特徴として，オブジェクトを機能化する過程において，①フォームの作成とコーディングの組み合わせによって作業課題が形成されていること，②作業課題の設定には，課題分割方略の異なる三つのタイプがあること，の2点を見いだすことができた。

 次章では，本章で作成した分析カテゴリに基づいて，イベントドリブン型の言語を活用したプログラミングにおける問題解決過程尺度を作成して，中学生を対象に，より詳細な問題解決過程の構造的な把握を試みることにする。

第4章
イベントドリブン型の言語を活用したプログラミングにおける問題解決過程の構造分析

1. 問題と目的

　第3章では，プログラミングの初学者を対象として，イベントドリブン型の言語を活用したプログラミングにおけるプロトコル分析を実施し，その問題解決過程の特徴を2点指摘するとともに，問題解決の過程を記述することができる21項目の「イベントドリブン型の言語を活用したプログラミングにおける問題解決過程を記述するカテゴリ」を抽出した。

　第1章で述べたように，森山らは，従来の BASIC を用いて，大学生を対象としたプロトコル分析に基づいて，プログラム作成過程における思考過程の内省を測定するための尺度（RSTP）を作成している[125]。RSTP は，各変量が抽出された分類カテゴリに対応して設定されており，各変量に対する被験者の内省を問う形式をとっている。したがって，変量間の下位階層構造を因子分析及びクラスタ分析を用いて解明することにより，操作系列に応じた下位の思考過程がどのように組織化されているかという様相を，構造的に把握することができるとし，実際に4因子を抽出して，その階層構造を明らかにしている[126]。

　そこで，本章では，森山らの研究分析の手法を参考に，第3章で作成した分類カテゴリに基づいて測定尺度を設定し，探索的な因子分析を実施して因子を抽出するとともに，プログラム作成能力との関連を検討することで，中学生のイベントドリブン型の言語を活用したプログラミングにおける問題解決過程について，構造的に把握することにした。

2. 方法

2.1 調査対象者

調査対象者をA県内中学校1校の3年生230名（男子117名，女子113）とした。分析対象は，調査当日欠席等の生徒8名を除いた222名（男子114名，女子108）とした。

2.2 手続き

2.2.1 問題解決過程の把握

VBを用いた題材「オリジナルスロットゲームづくり」において，導入（2時間）と基礎的学習を8時間実施した後（表2-2参照），表2-4に示す実験課題を生徒に提示し，個別にプログラムを作成させた。この際，①基礎的学習にて作成したプログラムのデータや配布してあるプリントやノートは参照しないこと，②友と相談しないで一人で作成すること，③作成時間は60分とすること，を条件とした。ただし，基礎的学習で配布したプリント教材の一部を編集した資料を配布し，その資料は自由に参照してよいことにした。

実験課題の終了直後，第3章で作成した21項目の分類カテゴリに基づいて作成した測定尺度（以下，「イベントドリブン型の言語を活用したプログラミングにおける問題解決過程尺度」）を用いた調査を実施した。本測定尺度の質問項目は，次節3.1の表4-1（因子分析の結果）中に示す。

2.2.2 プログラム作成能力の把握

プログラム作成能力の把握は，基礎的学習における「サンプルプログラムの作成→達成課題の作成→発展課題の作成」場面で，生徒が作成したプログラムを分析の対象とし，授業終了後，教職経験10年以上の教員3名で採点した。採点にあたっては，サンプルプログラムまでできていれば1点，達成課題のプログラムまでできていれば3点，発展課題のプログラムまでできていれば5点とする配点基準を用いて得点化した（満点は20点）。以下，これを個人の「作成能力点」とし，プログラム作成能力の指標とした。

3. 結果と考察
3.1 問題解決過程の構成因子

調査後，各項目に対するGP分析を行ったところ，すべての項目に1％未満の水準で有意な弁別性が認められた。この項目について主因子法及びプロマックス回転を用いた因子分析を行った。固有値1.00以上の基準によって因子数の決定を行った結果，次の6因子が抽出された（表4-1）。

まず，第1因子では，「オブジェクト名とコードの関連づけ」，「オブジェクトの初期機能構想」，「オブジェクトの機能構想」，「オブジェクトのレイアウト」，「オブジェクトのコーディング」などの因子負荷量が大きい。これらの項目は，オブジェクトに対するレイアウト，プロパティの設定及びコーディング等に対する全体的なイメージをもって，各部分の機能を構成する過程と解釈できる。そこで，第1因子を「オブジェクト機能化」因子（因子Ⅰ）と命名した。

第2因子では，「ソースコードの修正」，「オブジェクト・プロパティの修正」，「プログラムの試行的実行」の因子負荷量が大きい。これらの項目は，目的とするプログラムを作成する際に発生する様々な不具合（エラー）に対する修正の過程と解釈することができる。そこで，第2因子を「エラー修正」因子（因子Ⅱ）と命名した。この過程には，プログラムコードの修正のみならず，オブジェクトのプロパティに対する修正も含まれている。

第3因子では，「論理エラーの状況把握」，「オブジェクトエラーの同定」，「論理エラーの同定」，「メンタルランニング」の4項目が含まれていた。これらの項目は，エラーが生じた際にフォーム上のオブジェクトとプログラムコードとの対応関係を点検したり，実現しようとしているプログラムの動作と，実際に起きているプログラムの動作とのずれを点検したりする過程と解釈できる。これは，プログラムの処理の流れの誤りとして生じる論理エラー（Logic Error）を探索する過程と考えることができる。そこで，この第3因子を「論理エラー探索」因子（因子Ⅲ）と命名した。

表 4-1 因子分析の結果

[カテゴリ] 質問項目	因子 I	因子 II	因子 III	因子 IV	因子 V	因子 VI
16 [オブジェクト名とコードの関連づけ] それぞれのオブジェクト（部品）の機能を実現するために，どのようなプログラムコードを書けばよいかをイメージした。	0.79	0.04	−0.08	−0.04	−0.06	−0.02
18 [オブジェクトの初期機能構想] それぞれのオブジェクト（部品）について，プログラムコードとオブジェクト（部品）名との関連を考えた。	0.72	−0.14	0.19	−0.13	0.01	0.20
19 [オブジェクトの機能構想] それぞれのオブジェクト（部品）に，どのような働きや動作を持たせればよいかをイメージした。	0.72	−0.07	−0.04	0.03	0.10	0.06
17 [オブジェクトのレイアウト] フォームにそれぞれのオブジェクト（部品）をどのように配置すればよいかを考えた。	0.69	−0.01	−0.33	0.13	0.09	−0.05
20 [オブジェクトのコーディング] それぞれのオブジェクト（部品）が適切な働きや動作を持つように，プログラムコードの書き方を考えた。	0.47	0.17	0.24	−0.13	−0.05	−0.08
1 [フォームデザインの構想] プログラムの目的を実現するために，どんなオブジェクト（部品）が全部で必要かをイメージした。	0.44	0.33	−0.04	0.03	−0.14	−0.03
11 [フォームデザインの確認] フォーム全体にオブジェクト（部品）が適切に配置できているかどうかを見直した。	0.42	−0.08	0.03	0.16	0.01	−0.06
7 [オブジェクトのプロパティ設定] それぞれのオブジェクト（部品）が適切な働きを持つように，プロパティの内容を考えた。	0.41	0.17	0.18	−0.07	0.03	−0.11
3 [オブジェクト・プロパティの修正] うまく動作しないオブジェクト（部品）が，適切に動くよう，プロパティの内容を修正した。	0.02	0.71	0.01	−0.04	0.03	−0.03
13 [ソースコードの修正] オブジェクト（部品）が思った通りに機能しないので，適切に働くよう，プログラムコードの書き方を修正した。	−0.06	0.70	−0.07	−0.02	0.20	0.16

第 4 章 イベントドリブン型の言語を活用したプログラミングにおける問題解決過程の構造分析　73

5 [プログラムの試行的実行] エラーがないかどうかを，プログラムを試しに実行して，その結果から確かめた。	−0.08	0.45	0.12	0.21	0.04	−0.06
21 [論理エラーの状況把握] エラーが生じた時，なんどもプログラムを実行させて，起こっているエラーの症状を調べようとした。	−0.15	0.04	0.64	−0.19	0.04	0.00
8 [オブジェクトエラーの同定] エラーが生じた時，プログラムコードとオブジェクト（部品）名の対応に誤りがないか確かめた。	0.06	−0.10	0.56	0.26	0.01	0.03
15 [論理エラーの同定] エラーが生じた時，コードの処理の流れに誤りがないかどうかを確かめた。	−0.05	0.14	0.46	0.16	−0.01	−0.05
9 [メンタルランニング] 作成したプログラムコードに誤りがないかどうかを，プログラムコードを読んで実行結果を予想しながら確かめた。	0.07	−0.10	0.46	0.18	0.01	0.01
12 [文法エラーの同定] エラーが生じた時，コマンドの書き方に誤りがないかどうかを確かめた。	0.04	0.16	−0.06	0.71	−0.13	0.09
4 [誤記エラーの同定] エラーが生じた時，打ち込みのミスがないかどうかを確かめた。	−0.03	−0.10	0.01	0.55	0.13	−0.03
14 [動作の評価] 作成したプログラムが正しく動作しているかどうかを，自分で判断することができた。	0.01	0.18	0.00	0.03	0.66	0.00
2 [ソースコードの評価] 作成したプログラムコードが正しく動作するかどうかを，自分で判断することができた。	0.21	0.04	0.10	−0.02	0.54	−0.03
10 [コード記述場所指定の誤操作] プログラムコードの書く場所を，間違えて表示してしまうことがあった。	−0.08	0.16	0.04	−0.04	−0.13	0.65
6 [参照による知識の確認と活用] プログラムの仕方やコマンドの使い方，プログラムコードの書き方などについて，資料等を使って調べた。	0.09	−0.05	−0.05	0.08	0.10	0.64

因子間相関〈略〉

第4因子には,「文法エラーの同定」,「誤記エラーの同定」の2項目が該当した。これらの項目は,コーディングにおけるケアレスミスや,文法的な構文の間違いによって起こるエラー,いわゆるシンタックスエラー(Syntax Error)を探索する過程と解釈できる。そこで,この第4因子を「構文エラー探索」因子(因子Ⅳ)と命名した。

第5因子には,「動作の評価」,「ソースコードの評価」の2項目が該当した。これらの項目は,プログラムの動作とプログラムコードとが一致しているかを自分自身で確認する動作チェックの過程と解釈できる。そこで,この第5因子を「動作チェック」因子(因子Ⅴ)と命名した。

第2因子から第5因子はいずれも,プログラムのエラーを修正する問題解決の過程と解釈できる。しかし,第3,4因子がそれぞれ論理エラーや構文エラーを探索する点検の過程であるのに対して,第2,5因子はその結果に基づく具体的な修正行動と動作チェックであることに,因子間の違いが見いだされる。

第6因子では,「コード記述場所指定の誤操作」,「参照による知識の確認と活用」の2項目が該当した。コード記述場所指定を誤操作する原因は,単に操作上のケアレスミスの場合もあるが,その多くは,どのオブジェクトに対して必要とする機能を追加すればよいかが理解できていない場合である。すなわち,コード記述場所指定の誤操作は,イベントドリブン型の言語を活用したプログラミングに関わる基礎的な知識の不足を示している。一方,「参照による知識の確認と活用」では,プログラムの仕方やコマンドの使い方,プログラムコードの書き方などについて,資料等を使って必要な知識を得ようとする過程である。すなわち,知識の不足によるエラーの生起と,知識を得ようとする参照行動とが同一の因子を形成していることから,第6因子を「知識要求」因子(因子Ⅵ)と命名した。

3.2 問題解決過程の特徴

　森山らは，従来の BASIC を用いたプログラミングについて同様の分析を行い，「問題理解過程」因子，「機能構成過程」因子，「部分的点検過程」因子，「全体的点検過程」因子の4因子を抽出している。これらの因子と本研究で抽出された6因子とを比較（図4-1）すると，次の3点が指摘できる。

　第一に，従来のプログラミングにおける「問題理解過程」及び「機能構成過程」の2因子が，イベントドリブン型の言語を活用したプログラミングでは「オブジェクト機能化」因子に統合されている点である。森山らの抽出した「問題理解過程」因子は，作成するプログラムに対する問題の表象を形成する過程であり，「機能構成過程」因子は，具体的なコーディングの過程である。これらの過程が異なる因子として抽出されていることから，従来のプログラミングでは，プログラムに対する問題の表象と具体的な解決行動とがそれぞれ別々に展開されていると考えられる。言い換えれば，プログラムを

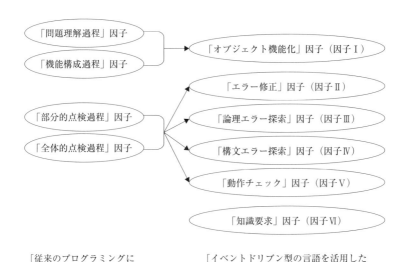

[従来のプログラミングにおける因子構造（森山 2003）]　　[イベントドリブン型の言語を活用したプログラミングにおける因子構造]

図 4-1　従来のプログラミングとイベントドリブン型の言語を活用したプログラミングにおける問題解決過程因子との関連

作成する前に，ある程度のイメージやプランを形成しておかなければ具体的なコーディング作業を展開できないといえる。これに対して，イベントドリブン型の言語を活用したプログラミングでは，問題の表象と具体的なコーディングの過程がオブジェクトの作成を介して統合的に展開され，「オブジェクト機能化」因子を形成している。言い換えれば，問題の表象と具体的な解決行動とが相互に影響しあうことによって，従来のプログラミングのように「考えてから作る」のではなく，「考えながら作る」や「作りながら考える」といった柔軟な問題解決が展開されやすいと考えられる。

第二に，従来のプログラミングにおける「部分的点検過程」及び「全体的点検過程」の2因子が，イベントドリブン型の言語を活用したプログラミングでは「エラー修正」，「論理エラー探索」，「構文エラー探索」，「動作チェック」の4因子に分割されている点である。森山らの抽出した「部分的点検過程」因子は，構文エラーや誤記エラーの有無をチェックするなど，コードの一部分に着目したデバッグの過程として解釈されている。また，「全体的点検過程」因子は，実行結果の確認やメンタルランニングによるエラーの探索など，プログラム全体に着目したデバッグの過程として解釈されている。これは，従来のプログラミングでは，部分－全体という視野のレベルを変えながら様々なタイプのエラーを探索・同定・修正していることを意味している。これに対して，イベントドリブン型のプログラミングでは，論理エラーや構文エラーの探索・修正，動作チェック等の作業が異なる因子を形成したことから，それぞれに特化した視点でトラブルシューティングを展開していると考えられる。言い換えれば，イベントドリブン型の言語を活用したプログラミングでは，作成したプログラムに対する点検・評価の視点別に，段階的なトラブルシューティングを展開しやすいのではないかと考えられる。

第三に，従来のプログラミングでは認められなかった「知識要求」因子が抽出された点である。この因子で取り上げられている知識の内容は，コード記述場所の指定方法など，開発環境のアプリケーション操作に関連するもの

である。このことから，イベントドリブン型の言語を活用したプログラミングでは，従来のプログラミング以上に，開発環境の仕組みを適切に理解することが，プログラム言語の文法を理解することと同程度に重要であると考えられる。

以上のことから，中学生にとってのイベントドリブン型の言語を活用したプログラミングは，従来のプログラミングに比べて，①問題の表象と具体的なコーディングの過程がオブジェクトの作成を介して統合的に展開されること，②作成したプログラムに対する点検・評価の視点別に，段階的なトラブルシューティングを展開しやすいこと，③開発環境のアプリケーション操作に関連する知識がより求められること，などの特徴を有することが示唆された。

3.3 プログラム作成能力との関連性

プログラム作成能力について，作成能力点の高い上位25％の生徒を上位群，下位25％の生徒を下位群，両者を除く中位50％を中位群とした。ただし，上・下位25％前後において，作成能力点が同点の場合は，得点の区切れで群分けを行った。

次に，因子分析の結果から，各因子に0.40以上の因子負荷量を示した項目を抽出し，その尺度得点を合計して，因子別に下位尺度得点を求めた。

表4-2は，各群における各因子の下位尺度得点の平均と標準偏差を示したものである。分散分析の結果，すべての因子において，群の主効果が有意であった。各因子においてLeveneの検定を実施したところ，因子Ⅲ，因子Ⅴ，因子Ⅵについては，等分散が仮定され，因子Ⅰ，因子Ⅱ，因子Ⅳについては，等分散が仮定されなかった。そこで，因子Ⅲ，因子Ⅴ，因子Ⅵについては，Bonferroni法，因子Ⅰ，因子Ⅱ，因子ⅣについてはDunnettのC法による多重比較を行った。多重比較の結果を表4-3に示す。

その結果，因子Ⅰにおいては，プログラム作成能力の上・中・下位群間す

表4-2 各群における各因子の下位尺度得点の平均と標準偏差

		因子Ⅰ オブジェクト機能化		因子Ⅱ エラー修正		因子Ⅲ 論理エラー探索	
群	N	Mean	SD	Mean	SD	Mean	SD
上位群	55	26.56	3.15	10.69	1.66	12.24	2.13
中位群	112	24.40	3.80	10.01	1.84	11.79	2.59
下位群	57	20.25	5.86	9.09	2.41	10.43	2.93

		因子Ⅳ 構文エラー探索		因子Ⅴ 動作チェック		因子Ⅵ 知識要求	
群	N	Mean	SD	Mean	SD	Mean	SD
上位群	55	6.96	1.13	6.91	1.23	4.94	1.64
中位群	112	6.97	1.25	6.61	1.45	6.24	1.41
下位群	57	6.14	1.65	5.30	1.69	6.48	1.55

表4-3 多重比較の結果

	因子	F比 $F_{(2,219)}$	有意水準	MSe	有意水準	多重比較の結果
Ⅰ	オブジェクト機能化	31.49	**	18.34	*	上位群＞中位群＞下位群
Ⅱ	エラー修正	9.25	**	3.84	*	上位群＝中位群＞下位群
Ⅲ	論理エラー探索	7.74	**	6.65	*	上位群＝中位群＞下位群
Ⅳ	構文エラー探索	8.05	**	1.78	*	上位群＝中位群＞下位群
Ⅴ	動作チェック	19.87	**	2.15	*	上位群＝中位群＞下位群
Ⅵ	知識要求	17.61	**	2.26	*	上位群＜中位群＝下位群

$*p<.05$ $**p<.01$

べてに有意差が認められた。このことから，イベントドリブン型の言語を活用したプログラミングでは，上位群の生徒ほど，その問題解決過程においてプログラムの全体的なイメージをもちながら，各部分の機能を構成していることが示された。また，因子Ⅱから因子Ⅴでは，上・中位群の生徒と下位群の生徒との間に有意な差が見られた。このことから，下位群の生徒は上・中位群の生徒よりも，エラーに対する探索・修正の過程，また，動作チェックの過程を適切に遂行できていない可能性が指摘できる。一方，因子Ⅵでは，

群間の傾向が逆転し，上位群の水準が中・下位群よりも有意に減衰した。このことから，プログラム作成能力の低い生徒ほど，プログラム開発環境の操作方法やプログラミングに関連する知識が不十分であり，それらを求める解決（参照）行動が生起しやすいと考えられる。

これらの傾向からは，プログラム作成能力の高い生徒は，①知識が豊富で，②形成したプランに基づいてオブジェクトを適切に機能化でき，③点検・評価の視点別に段階的なトラブルシューティングができる，つまり組織的にエラーを探索・修正することができるという特徴が示された。

これらの傾向を踏まえると，学習指導の改善に向けては，次の2点が指摘できる。

第一に，各因子の下位尺度得点がいずれも，プログラム作成能力の指標である作成能力点との有意な関連性を示し，いずれも上位群が優位であったことから，「イベントドリブン型の言語を活用したプログラミングにおける問題解決過程尺度」が，問題解決過程を把握する測定尺度として適切に機能し得たと考えられる。これは，授業において本測定尺度を用いた調査が，生徒の学習状況を把握する上で，有効な手段になりうることを示している。言い換えれば，本測定尺度に対する生徒の反応から，授業において個々の生徒の実習状況に即した個別支援の指針を得ることができると期待される。

第二に，上・中位群の生徒間には，因子Ⅰにのみ群間の差が認められたことから，両者には，知識の形成度やエラーの探索・修正方略に大差はないものの，プラン形成とオブジェクトの機能化において差が生じていると考えられる。このことから授業においては，プログラム作成能力の中・下位群の生徒に対して，フォームのデザインや各オブジェクトを機能化する方略の指導を優先する必要があるといえる。この指導によって上位群の生徒と同等にまで高めた上で，下位群の生徒に対してエラーの探索・修正方略の指導を個別に展開することが望ましいと考えられる。

4. まとめ

　以上，本章では，中学生のイベントドリブン型の言語を活用したプログラミングにおける問題解決過程を，プログラム作成能力との関連から構造的に把握した。その結果，以下の知見が得られた。

1） イベントドリブン型の言語を活用したプログラミングにおける問題解決過程を構成する因子として，「オブジェクト機能化」，「エラー修正」，「論理エラー探索」，「構文エラー探索」，「動作チェック」，「知識要求」の6因子が抽出された。

2） 抽出された6因子と，従来のBASICを用いた先行研究において抽出された4因子との比較から，イベントドリブン型の言語を活用したプログラミングは，従来のプログラミングに比べて，①問題の表象と具体的なコーディングの過程がオブジェクトの作成を介して統合的に展開されること，②作成したプログラムに対する点検・評価の視点別に，段階的なトラブルシューティングを展開しやすいこと，③開発環境のアプリケーション操作に関連する知識がより求められること，などの特徴を有することが示唆された。

3） イベントドリブン型の言語を活用したプログラミングにおける問題解決過程と，プログラム作成能力とが有意な関連性を示したことから，授業において「イベントドリブン型の言語を活用したプログラミングにおける問題解決過程尺度」を用いた調査が，生徒の学習状況を把握する上で，有効な手段になりうることが示唆された。

4） プログラム作成能力の低い生徒に対しては，エラーの探索・修正方略の指導よりも，フォームのデザインや各オブジェクトの機能化方略の指導を優先する方が，より効果的な指導となりうることが示唆された。

　本章では，イベントドリブン型の言語を活用したプログラミングにおける問題解決過程因子を六つ抽出するとともに，これらとプログラム作成能力との有意な関連性を指摘した。

従来のBASICを用いた先行研究では，抽出されなかった「知識要求」因子が顕在化したこと，構造化された知識を用いれば，さまざまな状況で行動や推論が得られる[127]．言い換えれば，問題解決過程は知識に依存するという一般的知見を基に，次章からは，プログラム作成能力と知識，問題解決過程と知識との関連性を検討し，生徒の学習を支援しうるシステム開発の基礎的知見を得ることにする．

第5章
イベントドリブン型の言語を活用したプログラミングにおけるプログラム作成能力と知識構造との関連

1. 問題と目的

　第4章では，中学生のイベントドリブン型の言語を活用したプログラミングにおける問題解決過程について，プログラム作成能力との関連から構造的に把握した。その結果，イベントドリブン型の言語を活用したプログラミングにおける問題解決過程を構成する因子として，「オブジェクト機能化」「エラー修正」「論理エラー探索」「構文エラー探索」「動作チェック」「知識要求」の6因子が抽出されるとともに，プログラム作成能力との有意な関連性を確認した。そして，従来のBASICを用いた同様の先行研究と比較し，①問題の表象と具体的なコーディングの過程がオブジェクトの作成を介して統合的に展開されること，②作成したプログラムに対する点検・評価の視点別に，段階的なトラブルシューティングを展開しやすいこと，また，従来の先行研究では抽出されなかった，知識の不足によるエラーの生起と，知識を得ようとする参照行動が同一因子を形成する「知識要求」因子が抽出されたことから，③プログラミングに関する知識に加え，開発環境のアプリケーション操作に関連する知識がより求められること，などを指摘した。

　一般的に問題解決は，初期状態に対して何らかの変換操作を加えて目標状態へと至る，一連の過程である[128]と定義され，知識が大きく影響していることはよく知られている[129]。プログラミングという作業は，プランニングとプランの実現というようなトップダウン的アプローチによる処理と，実行時におけるエラー処理というようなボトムアップ的な処理との相互作用によって展開される[130]。VanLehnは，プログラミングについて，問題を解くの

に最低限必要な知識を教えるのに何ページもの説明を必要とする「知識の豊かな課題領域」としている[131]。

また，一般的に知識は，学習者が学習内容間の関連性を把握することにより，意味的なネットワークを形成すると考えられている。認知心理学においては，知識をかなり広い意味でとらえており，知識というものを分類する方法として，「宣言的知識」(declarative knowledge) と「手続き的知識」(procedural knowledge) という2分法がある。「宣言的知識」とは，学習において構成される事実に関する知識であり，「手続き的知識」とは，やり方に関する知識である[132]。神宮は，プログラミングにおける知識について，ある問題についてプログラム言語を用いてプログラム化する場合にも，繰り返し文にはどのようなものがあるかという「宣言的知識」と，この知識の使い方，つまり「手続き的知識」が必要であると述べている[133]。

そして，E.D. Gagné は，問題解決に使用される知識は，階層的に体制化された構造を形成していることが重要であると述べ[134]，同様に，伊藤らは，知識は，ただ断片的に無秩序に記憶されているだけでなく，互いに関連づけて構造化されていることが重要であり，そうすることで，実際の問題解決に有効にはたらく「使える知識」になると述べている[135]。一方で，Gick と Holyoak の「要塞の問題」と「癌の問題」との対比に関する研究において示されている[136]ように，知識には適応される領域，つまり知識の領域固有性の問題がある。

これらの先行研究からは，問題解決的に展開するプログラミング学習において，生徒が適切に領域固有性の高い宣言的知識や手続き的知識間の関連性（以下，本研究では，これを知識構造と呼ぶ）をとらえられているかどうかによって，問題解決の様相やその結果として獲得されていくプログラム作成能力に違いが生じる可能性を指摘できる。

学習者の知識構造を調べる方法としては，単語連想法，カード分類法[137]や概念地図法[138]などがある。単語連想法は，刺激語を基に連想される単語

（連想語）を記入させることにより，刺激語に関する知識構造を把握しようとする方法である。言語関連係数を算出することにより，刺激語と連想語，連想語間の構造を定量的に把握することができる[139]。カード分類法は，概念に関連した知識を記入したカードを，いくつかのグループに分類させることにより，知識構造を把握しようとする方法である。また，概念地図法は，概念をラベルのついたリンクで結合させていくことにより，知識構造を視覚的に把握しようとする方法である。

単語連想法は，刺激語と連想語の結合度について，学級やグループ単位で把握したり，刺激語や連想語間の結合度の違いを把握したりすることができる。これに対して，カード分類法や概念地図法は，学習者個人の知識構造を把握することができる。このうち，概念地図法は，個人の知識構造をイメージとして図式的に表現できることが特徴である。一方，カード分類法は，個人の知識構造を，その関連性の形成度として定量化できる点に特徴がある。

そこで，本章では，まず，プログラム作成能力，知識構造との関係を把握し，次章では，問題解決過程と知識構造との関連を把握する。そして，第4章で把握した問題解決過程とプログラム作成能力との関連と合わせ，問題解決過程，プログラム作成能力，知識構造，三者の関係をそれぞれ把握することにより，学習支援システム構築に向けた基礎的知見を得ることにする。

2. 方　法

2.1 調査対象者

調査対象者を，A県内中学校1校の3年生115名（男子59名，女子56名）とした。分析対象は，調査当日欠席等の生徒5名を除いた110名（男子57名，女子53名）とした。

2.2 調査の位置

題材「オリジナルスロットゲームづくり」における基礎的学習終了の後，

一週間のインターバルを取り，「知識構造」を把握する調査を15分間実施した。

2.3 手続き
2.3.1 知識構造の調査

本研究では，分析の過程において，生徒個人の知識構造を得点化しておく必要があることから，知識構造を把握するいくつかの方法から，カード分類法を用いることにした。

カード分類法では，指導者が想定する知識間の関連性を基準に，学習者の知識構造がどの程度一致するかを測定する。そのため，学習者に提示する知識ラベルと分類との妥当性が重要となる。そこで，カードの作成に当たっては，教職経験10年以上の教員3名と，VBによるプログラミング経験がほとんどない大学生6名の協力により進めた。はじめに，教員3名が相談して，授業で扱った内容に関連したカードを作成した。このカードが，筆者らが考えたグループに分類されるかどうかを検証するために，大学生2名に，題材「オリジナルスロットゲームづくり」の基礎的事項を学んだ8時間後の中学生の立場に立ってもらい，カードを分類させた。その後，この2人にもカード作成の検討に加わってもらい，当初作成した知識ラベルを修正した。これを2回繰り返し，他の2名の大学生が筆者らの考えた分類を行ったところで，知識ラベルを確定した。表5-1に作成した26枚のカード内容（カード番号＋知識ラベル）を示す。

知識ラベルの設定に際しては，題材中の学習内容に対応して「色のついた文字でコメントを表示するプログラムの作り方」等の手続き的知識（分類A〜Eに対応）に，「Label1.Caption」のような命令語や「ラベル」のような関連用語を宣言的知識（分類番号A-1〜A-3等に対応）として組み合わせた。次に，分類A〜E間の関連性に着目して，次のように知識クラスタを設定した。分類番号A-n, B-nは，VBのコントロールツールの利用にかかわる内容である。

表5-1　分類番号とカードに記入した内容

分類番号	カード番号	知識ラベル
A-1	3	ラベル
A-2	7	Label1.Caption
A-3	15	Font プロパティ
A-4	26	色のついた文字でコメントを表示するプログラムの作り方
B-1	8	Timer1.Enable=True
B-2	9	絵柄を一定間隔で変化させる
B-3	14	絵柄を切り替えるスピードを変化させゲームの難易度を変化させるプログラムの作り方
B-4	23	Interval プロパティ
B-5	24	タイマーイベント
C-1	1	If ~ Then
C-2	11	Else
C-3	13	ハートでそろうと円を描き，スペードでそろうと背景画像が変化するプログラムの作り方
C-4	16	条件に応じて処理するプログラムの作り方
C-5	17	End If
C-6	19	分岐処理
D-1	2	goukei = goukei + 100
D-2	5	変数
D-3	12	Dim ~ AS
D-4	18	ゲーム回数を追加するプログラムの作り方
D-5	20	得点を加算する
D-6	22	演算子
D-7	25	Integer
E-1	4	反復処理
E-2	6	For ~ Next
E-3	10	ループカウンター（添字）
E-4	21	点をかく命令一つで，線を描くプログラムの作り方

そこで，A-n，B-n の9項目を合わせて，知識クラスタ①「コントロール活用」とした。C-n，E-n は，それぞれ分岐処理と反復処理という制御構造にかかわる内容である。そこで，C-n，E-n の10項目を合わせて知識クラスタ②「制御構造」とした。また，D-n の7項目は，変数，演算子，式を含む内

容であることから，知識クラスタ③「演算・式」とした。

　生徒には，カード26枚と分類を記入するための調査用紙とを配布し，関連すると思われるカードをグルーピングして，カードに記載されているカード番号を記入するように指示した。この際，26枚のカードがすべて1グループに分類されることや，26枚がそれぞれ1グループを構成することはないことを条件とした。また，調査用紙には，わからないカードをまとめて記入する領域を設け，知識ラベルの意味や分類先がわからない場合などは，その領域にカード番号を記入するように指示した。

　知識構造のデータについては，26×26の二次元マトリックス表を作成して集計を行うことにした（以下，マトリクス集計表）。例えば，カード番号3とカード番号7とが同一グループを構成していると生徒が回答した場合，カード番号3の行とカード番号7の列とがクロスする欄に1点を与える要領で集計した。表5-2に，筆者らが想定したグルーピングを行った場合のマトリクス集計表（一部）を示す。

　ここで，表5-2中の二重線で囲まれた領域は，筆者らが想定したグルーピングを行った場合に加点される欄であり，これを有効領域とし，二重線の外側の領域を無効領域とした。そして，有効領域に加点される点数の合計を有効点数（T）とし，無効領域に加点された点数の合計を無効点数（F）と表記することにした。有効点数の最大値は58であり，無効点数の最大値は267となる。仮に，筆者らが想定したグルーピングを行った表5-2の場合，「1」が表記されている領域が有効領域であり，この合計得点が有効点数となる。また，「0」と表記されている領域が無効領域であり，その合計得点が無効点数となる。

　知識構造を点数化するためには，有効点数のほかに，無効点数を加味する必要がある。例えば，実験の手続きにおいては除外してあるが，仮に全部のカードを1グループであると回答した場合，マトリクス集計表の有効領域及び無効領域のすべてに加点される。この場合，有効点数のみを個人の得点と

第5章 イベントドリブン型の言語を活用したプログラミングにおけるプログラム作成能力と知識構造との関連

表 5-2　26×26の二次元マトリックス集計表（一部）

番号	分類番号	カード番号	7 A-2	15 A-3	26 A-4	8 B-1	9 B-2	14 B-3	23 B-4	24 B-5	1 C-1	11 C-2	13 C-3	16 C-4	17 C-5	19 C-6	2 D-1	5 D-2	12 D-3	18 D-4	20 D-5	22 D-6	25 D-7	4 E-1	E
1	A-1	3	1	1	1	0	0	0	0	0	0	0	0	0	0	0	0	0	0	0	0	0	0	0	
2	A-2	7		1	1	0	0	0	0	0	0	0	0	0	0	0	0	0	0	0	0	0	0	0	
3	A-3	15			1	0	0	0	0	0	0	0	0	0	0	0	0	0	0	0	0	0	0	0	
4	A-4	26				0	0	0	0	0	0	0	0	0	0	0	0	0	0	0	0	0	0	0	
5	B-1	8					1	1	1	1	0	0	0	0	0	0	0	0	0	0	0	0	0	0	
6	B-2	9						1	1	1	0	0	0	0	0	0	0	0	0	0	0	0	0	0	
7	B-3	14							1	1	0	0	0	0	0	0	0	0	0	0	0	0	0	0	
8	B-4	23								1	0	0	0	0	0	0	0	0	0	0	0	0	0	0	
9	B-5	24									0	0	0	0	0	0	0	0	0	0	0	0	0	0	
10	C-1	1										1	1	1	1	1	0	0	0	0	0	0	0	0	
11	C-2	11											1	1	1	1	0	0	0	0	0	0	0	0	
12	C-3	13												1	1	1	0	0	0	0	0	0	0	0	
13	C-4	16													1	1	0	0	0	0	0	0	0	0	
14	C-5	17														1	0	0	0	0	0	0	0	0	
15	C-6	19															0	0	0	0	0	0	0	0	
16	D-1	2																1	1	1	1	1	1	0	
17	D-2	5																	1	1	1	1	1	0	
18	D-3	12																		1	1	1	1	0	
19	D-4	18																			1	1	1	0	
20	D-5	20																				1	1	0	
21	D-6	22																					1	0	
22	D-7	25																						0	
23	E-1	4																							
24	E-2	6																							
25	E-3	10																							
26	E-4	21																							

すると，筆者らが想定したグルーピングを行った場合と同じ得点となってしまう問題が生じる。そこで，筆者らが考えたグルーピングに対してどの程度一致しているかを，以下の方法により算出することにした。

〈数式〉　　　T／58　－　F／267

以下，これを個人の知識構造得点とする。例えば，筆者らが想定したグルーピングを行った場合の知識構造得点は，58/58－0/267＝1.0となり，これが最大値となる。

続いて，知識クラスタ「コントロール活用」，「制御構造」，「演算・式」における知識構造得点を，次の方法で算出した。まず，各項目の有効点数，無効点数の最大値を用い，個人の知識構造得点を求める方法と同一の方法にて，各項目の知識構造得点を求めた。次に，各知識クラスタに該当する項目の知識構造得点を合計して，個人における知識クラスタの知識構造得点を算出した（次式）。ここでは，分類番号Ａ１～Ａ４のカードにおける有効点数をT_{An}，無効点数をF_{An}と表記し，以下，B, C, D, Eも同様の表記した（Σは初期値1とし，A～Eの各項目数nまでの総和を表す）。

知識構造得点（コントロール活用総和）＝$\Sigma(T_{An}/3 - F_{An}/22) + \Sigma(T_{Bn}/4 - F_{Bn}/21)$

知識構造得点（制御構造総和）＝$\Sigma(T_{Cn}/5 - F_{Cn}/20) + \Sigma(T_{En}/3 - F_{En}/22)$

知識構造得点（演算・式総和）＝$\Sigma(T_{Dn}/6 - F_{Dn}/19)$

2.3.2　プログラム作成能力の把握

プログラム作成能力の把握は，題材展開（表2-2参照）における基礎的学習の「サンプルプログラムの作成→達成課題の作成→発展課題の作成」場面で，生徒の作成したプログラムを分析の対象とした。この場面では，教師はVBの操作方法についての助言以外は基本的に行わないこととし，生徒相互の情報交換も行わないようにさせた。終了後，生徒の作成したプログラムを，教職経験10年以上の教員3名で協議して採点した。採点にあたっては，それぞれの課題について，サンプルプログラムまでできていれば1点，達成課題のプログラムまでできていれば3点，発展課題のプログラムまでできていれば

5点とする配点基準を用いて得点化した（満点は20点）。以下，これを個人の「作成能力点」とし，プログラム作成能力の指標とした。

3. 結果と考察
3.1 知識構造得点の群別間における作成能力点の差異

算出した個人の知識構造得点の上位25％の生徒を上位群，下位25％の生徒を下位群，両者を除く中位50％を中位群とした。ただし，上・下位25％前後において，知識構造得点が同点の場合は，得点の区切れで群分けを行った。その結果，上位群の生徒27名，中位群の生徒56名，下位群の生徒27名の群分けとなった。表5-3は，各群における作成能力点の平均と標準偏差を示したものである。

分散分析の結果，群の主効果が有意であった（$F_{(2,107)}=25.96, p<.001$）。Leveneの検定を実施したところ，等分散が仮定されたので，Bonferroni法による多重比較を行った。その結果，知識構造得点の上位群と中位群の生徒間，上位群と下位群の生徒間に有意な作成能力点の差が認められた（$MSe=12.86, p<.05$）。また，中位群と下位群の生徒間には，有意な作成能力点の差は認められなかった。このことから，知識構造の優れた生徒は，プログラム作成能力が高いという関連性が確認された。

表5-3　各群における作成能力点の平均と標準偏差

群	N	Mean	SD
上位群	27	18.22	2.90
中位群	56	13.22	3.86
下位群	27	11.56	3.61

3.2 プログラム作成能力に対する知識構造の影響

次に，「コントロール活用」，「制御構造」，「演算・式」の各知識クラスタ

とプログラム作成能力との相互相関を表5-4に示す。その結果，各知識クラスタと作成能力点との間には，それぞれ有意な中程度の相関が見られた。この結果を踏まえ，次に，「コントロール活用」，「制御構造」，「演算・式」の各知識クラスタが，プログラム作成能力に及ぼす具体的な影響力を明らかにするために，パス解析を行った。

分析モデルは，Detienne の指摘より，適切な知識構造を形成することによってプログラム作成能力が高まると考え，各知識クラスタの知識構造得点から作成能力点に向かう因果関係を設定した。また，各知識クラスタ間には，表5-4に示されている相関関係を設定した。この分析モデルを用いたパス解析の結果を図5-1に示す。

図5-1では，「制御構造」から「作成能力点」へ有意なパス係数が認められた（$\beta = .43, p < .001$）。同様に，「演算・式」から「作成能力点」へも有意

表5-4　知識クラスタ間と作成能力点との相互相関

	コントロール活用	制御構造	式・演算	作成能力点
コントロール活用	—	0.66***	0.59***	0.43***
制御構造		—	0.61***	0.58***
式・演算			—	0.49***
作成能力点				—

***$p < .001$

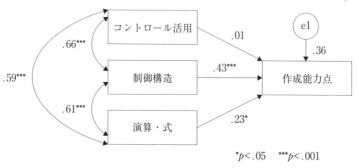

*$p < .05$　　***$p < .001$

図5-1　知識構造得点と作成能力点との因果関係

なパス係数が認められた（$\beta = .23, p < .05$）。一方，「コントロール活用」から「作成能力点」へのパス係数は，有意でなかった（$\beta = .01, p > .05$）。このことから，プログラムの制御構造や演算・式に関わる知識構造が，プログラム作成能力の形成に，重要な役割を果たしていることが示唆された。逆に，VBのコントロールを活用するための知識構造は，プログラム作成能力に直接的な影響を与えないと推察された。

これは，「コントロール活用」の多くが，段階的かつ適切な題材展開におけるプログラミング学習のプロセスにて，操作という具体的な行為に変換されていったからではないかと考えられる。これに対して，「制御構造」，「演算・式」は，コーディングの段階において，アルゴリズムや数式の立案など，さらなる思考過程の土台となることから，プログラムができたか，できないかというプロダクト評価（今回の場合は，作成能力点）の段階にて，影響力が認められたのではないかと考えられる。

これらの知見から，VBを使用した初歩のプログラミングの学習指導においては，段階的かつ適切な題材展開を設定した上で，生徒が適切に制御構造や演算・式に関わる知識間の関連性をとらえられるような学習支援の方策が重要であると考えられる。つまり，生徒のプログラム作成能力向上の指導に関しては，VBを使用しても制御構造や演算・式に関わる知識構造の構築が重要であり，この点においては，従来の学習指導の方法を踏襲しても問題がないことが示唆された。

4. まとめ

本章では，イベントドリブン型の言語を活用したプログラミングにおける，プログラム作成能力と知識構造との関連を検討した。その結果，次のような基礎的知見を得ることができた。

1) プログラムの制御構造や演算・式に関わる知識構造が，プログラム作成能力の形成に重要な役割を果たしていることが示唆され，この点に関

しては，従来の学習指導の方法を踏襲しても問題がないことが示唆された。
2）VBを活用する際の特徴である，コントロール活用に関する知識は，題材展開中のプログラム作成能力には，直接的にほとんど影響を与えていないことが示唆された。

これらの知見から，イベントドリブン型の言語を活用したプログラミングの学習指導においては，生徒が適切に制御構造や演算・式に関わる知識間の関連性をとらえられるような教材の開発が，重要であると考えられる。

この問題に入る前に，次章では，問題解決過程，プログラム作成能力，知識構造，三者の関係の内，残された知識構造と問題解決過程との関連について検討する。

第6章
イベントドリブン型の言語を活用したプログラミングにおける知識構造と問題解決過程との関連

1. 問題と目的

　第4章では，イベントドリブン型の言語を活用したプログラミングにおける問題解決過程の構造分析を行い，6因子（因子Ⅰ「オブジェクト機能化」，因子Ⅱ「エラー修正」，因子Ⅲ「論理エラー探索」，因子Ⅳ「構文エラー探索」，因子Ⅴ「動作チェック」，因子Ⅵ「知識要求」）を抽出するとともに，問題解決過程とプログラム作成能力との有意な関連性を確認した。第5章では，問題解決過程と知識構造との関連性を先行研究から指摘し，プロセスとしての問題解決過程，プロダクトとしてのプログラム作成能力に対する知識構造の影響について，検討する必要性について述べた。そして，本研究における生徒の学習内容を基に，イベントドリブン型の言語を活用したプログラミングにおける知識構造について，「コントロール活用」，「制御構造」，「演算・式」という三つの知識クラスタを具体的に設定し，プログラム作成能力に及ぼす影響について，パス解析を用いて明らかにした。その結果，プログラム作成能力に対しては，「制御構造」，「演算・式」の知識クラスタの影響力が認められ，「コントロール活用」の影響力は認められなかった。

　そこで，第6章では，知識構造，問題解決過程，プログラム作成能力という三者の関連において，残された問題解決過程と知識構造との関連を把握することにした。具体的には，第5章で設定した「コントロール活用」，「制御構造」，「演算・式」という三つの知識クラスタが，イベントドリブン型の言語を活用したプログラミングにおける問題解決過程の6因子に及ぼす影響について，共分散構造分析を用いて明らかにすることにした。

2. 方　法
2.1　調査対象者
　調査対象者を，A県内中学校1校の3年生115名（男子59名，女子56名）とした。分析対象は，調査当日欠席等の生徒5名を除いた110名（男子57名，女子53名）とした。

2.2　調査の位置
　題材「オリジナルスロットゲームづくり」における基礎的学習終了の後，一週間のインターバルを取り，①知識構造の把握，②課題プログラミングの実施，③問題解決過程の把握の順にて調査を実施した。

2.3　手続き
2.3.1　知識構造の調査
　分析の過程において，生徒個人の知識構造を得点化しておく必要があることから，知識構造を把握するいくつかの方法から，Shavelson & Stantonのカード分類法を用いることにした。実施時間は，15分とした（第5章と同一）。
2.3.2　問題解決過程の把握
　生徒のイベントドリブン型の言語を活用したプログラミングにおける問題解決過程を把握するために，まず，プログラミング課題（表2-4）に60分間取り組ませた。この際，事前に使用したプリント教材や，作成したプログラムのデータについては，参照しないこと，友と相談しないことを指示した。また，筆者らが作成した資料は参照してよいこととし，その使い方を事前に説明した。
　その後，イベントドリブン型の言語を活用したプログラミングにおける問題解決過程尺度を用いた調査を10分間行い，生徒の問題解決過程を把握した。

3. 結果と考察
3.1 知識構造得点の水準と問題解決過程との関連

算出した個人の知識構造得点の上位25％の生徒を上位群，下位25％の生徒を下位群，両者を除く中位50％を中位群とした。ただし，上・下位25％前後において，知識構造得点が同点の場合は，得点の区切れで群分けを行った。その結果，上位群の生徒27名，中位群の生徒56名，下位群の生徒27名の群分けとなった。

表6-1は，知識構造得点各群における，問題解決過程因子の下位尺度得点の平均と標準偏差を示したものである。

分散分析の結果，因子Ⅰ「オブジェクト機能化」，因子Ⅱ「エラー修正」，因子Ⅴ「動作チェック」，因子Ⅵ「知識要求」において，群の主効果が有意であった。各因子において Levene の検定を実施したところ，因子Ⅰ「オブジェクト機能化」，因子Ⅵ「知識要求」については，等分散が仮定され，因子Ⅱ「エラー修正」，因子Ⅴ「動作チェック」については，等分散が仮定されなかった。そこで，因子Ⅰ「オブジェクト機能化」，因子Ⅵ「知識要求」

表6-1 各群における各因子の下位尺度得点の平均と標準偏差

群	N	因子Ⅰ オブジェクト機能化 Mean	SD	因子Ⅱ エラー修正 Mean	SD	因子Ⅲ 論理エラー探索 Mean	SD
上位群	27	27.44	3.38	11.00	1.27	12.56	2.08
中位群	56	23.75	4.43	10.38	1.60	12.20	2.22
下位群	27	22.67	4.40	9.37	2.20	11.30	2.70

群	N	因子Ⅳ 構文エラー探索 Mean	SD	因子Ⅴ 動作チェック Mean	SD	因子Ⅵ 知識要求 Mean	SD
上位群	27	6.96	1.16	7.41	0.80	5.30	1.56
中位群	56	6.89	1.17	6.32	1.72	6.14	1.46
下位群	27	6.48	1.37	5.63	1.50	6.56	1.45

についてはBonferroni法，因子Ⅱ「エラー修正」，因子Ⅴ「動作チェック」についてはDunnettのC法による多重比較を行った。表6-2に多重比較の結果を示す。

その結果，まず，因子Ⅵ「知識要求」では，群間の傾向が逆転し，上位群の水準が中・下位群よりも有意に減衰した。このことから，知識構造得点の低い生徒ほど，プログラム開発環境の操作方法やプログラミング等に関連する知識が不十分であり，それらを求める参照行動が生起しやすいことが示唆された。これは，本研究で算出した知識構造得点の指標としての妥当性を示すものと考えられる。

次に，因子Ⅰ「オブジェクト機能化」，因子Ⅴ「動作チェック」では，知識構造得点の上位群と中・下位群間に有意差が認められた。このことから，イベントドリブン型の言語を活用したプログラミングでは，知識構造得点の上位群の生徒の方が，中・下位群の生徒と比較して，問題解決過程においてプログラムの全体的なイメージをもちながら，各部分の機能を構成する過程，プログラムの動作とプログラムコードとが一致しているかを自分自身で確認する動作チェックの過程が，優れていることが示唆された。言い換えれば，知識構造が特に優れている生徒群は，プログラミングの処理手続きにおけるプランニング（Plan），プランの実現（Do），動作チェック（Check）というプ

表6-2　多重比較の結果

	因　子	F　比 $F_{(2,107)}$	有意水準	MSe	有意水準	多重比較の結果
Ⅰ	オブジェクト機能化	10.11	**	17.56	*	上位群＞中位群＝下位群
Ⅱ	エラー修正	6.37	**	2.89	*	上位群＞下位群
Ⅲ	論理エラー探索	2.19	n.s.	—	—	—
Ⅳ	構文エラー探索	1.32	n.s.	—	—	—
Ⅴ	動作チェック	9.87	**	2.22	*	上位群＞中位群＝下位群
Ⅵ	知識要求	5.17	**	2.20	*	上位群＜中位群＝下位群

$*p<.05$　$**p<.01$

ロセスがスムーズに行われたと考えられる。

　一方，因子Ⅲ「論理エラー探索」，因子Ⅳ「構文エラー探索」では，群の有意な主効果が認められなかった。このことから，イベントドリブン型の言語を活用したプログラミングにおける論理エラーや文法エラーの探索過程は，知識構造との関連性が低いと考えられる。生徒にとって，論理エラーは，予測した結果と実際の結果との差異となってディスプレイ上に現れる。また，文法エラーはプログラミングを行う環境，つまり使用するシステムがエラーを検知して提示することが多い。このようなことから，因子Ⅲ「論理エラー探索」，因子Ⅳ「構文エラー探索」においては，群間の有意差が認められなかったものと考えられる。

　しかし，エラーに関係する因子であっても，因子Ⅱ「エラー修正」では，上位群と下位群間に有意差が認められた。このことから，下位群の生徒は上位群の生徒よりも，エラーに対する修正のプロセスを適切に遂行できていない可能性が指摘できる。

3.2　知識構造と問題解決過程との因果関係

　3.1において，因子Ⅰ「オブジェクト機能化」，因子Ⅱ「エラー修正」，因子Ⅴ「動作チェック」，因子Ⅵ「知識要求」において，群の主効果が有意であったことから，これらの因子と知識構造との間に因果関係があるのではないとか考えられる。そこで，各知識クラスタが四つの問題解決過程因子に及ぼす影響を検討するために，モデルを構築して共分散構造分析を行うことにした。

　第4章では，主因子法及びプロマックス回転による探索的因子分析を行い，問題解決過程因子を抽出している。その際，観測変数が最も多かった第一因子である因子Ⅰ「オブジェクト機能化」に対する因子間相関は，因子Ⅱ「エラー修正」が0.50，因子Ⅴ「動作チェック」が0.52，因子Ⅵ「知識要求」が-0.21であった。そこで，分析モデルを構築するに当たり，因子間相関が

0.50以上を示した因子Ⅰ「オブジェクト機能化」,因子Ⅱ「エラー修正」,因子Ⅴ「動作チェック」の3因子には,その上位に潜在的な二次因子が存在すると仮定した。この二次因子は,プログラミングの処理手続きにおけるプランニング(Plan),プランの実現(Do),動作チェック(Check),それに基づくエラー修正行動(Action)という一連の過程であることから,新たに「PDCA」因子と命名した。また,四つの問題解決過程因子の観測変数については,因子負荷量の大きい2項目をモデルに組み込むことにした。

次に,知識クラスタ「コントロール活用」,「制御構造」,「演算・式」により指標化された因子を仮定し,因子名を「知識構造」とした。そして,知識が問題解決に影響を与えるという既述した認知心理学の知見に基づき,「知識構造」因子から「PDCA」因子へ矢印を入れたパス図を作成した(PLSモデル[140])。こうして作成した分析モデルを用いて共分散構造分析を実施した。その結果,図6-1に示すパスダイアグラムが得られた。なお,図6-1では,e-17で生じたヘイウッドケースに対応して,e-17の誤差分散を0に固定している[141]。本モデルの適合度指標は $GFI=.941$, $AGFI=.895$, $CFI=.999$, $RMSEA=.009$,であり,本モデルはデータに適合したモデルであると考えられる。本モデルで示されているパス係数は,知識クラスタ「演算・式」から「知識構造」因子へのパス係数以外は,統計的に有意であった。

本モデルで有意となった各知識クラスタから「知識構造」因子に引かれたパス係数の大きさは,「コントロール活用」($\beta=.40, p<.05$),「制御構造」($\beta=.55, p<.05$)であった。次に,「知識構造」因子から,二つの因子に引かれたパス係数の大きさは「PDCA」因子($\beta=.57, p<.05$),因子Ⅵ「知識要求」($\beta=.-53, p<.05$)であった。また,「PDCA」因子から,各問題解決過程因子に引かれたパス係数の大きさは,因子Ⅰ「オブジェクト機能化」($\beta=.74, p<.001$),因子Ⅴ「動作チェック」($\beta=.84, p<.001$),因子Ⅱ「エラー修正」($\beta=.84, p<.001$)であった。なお,「知識構造」因子から因子Ⅵ「知識要求」に負のパス係数が表れていることは,3.1で得た結果とも一致し

第6章 イベントドリブン型の言語を活用したプログラミングにおける知識構造と問題解決過程との関連　101

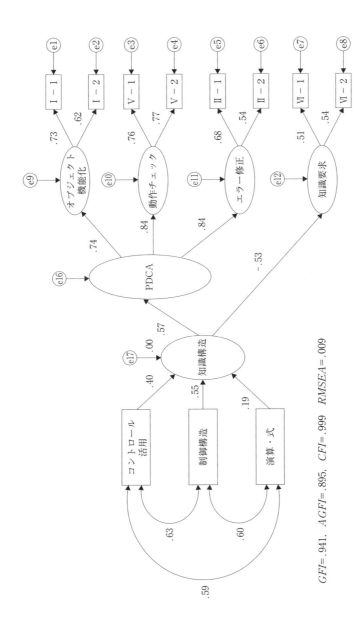

図6-1　知識構造が問題解決過程に及ぼす影響

ており，本モデルの妥当性を示す一つの根拠と考えられる。

このモデルから，中学生のイベントドリブン型の言語を活用したプログラミングにおける知識構造と問題解決過程との関連性について，次の3点が指摘できる。

第一に，問題解決過程因子に影響を及ぼす「知識構造」因子に，知識クラスタ「制御構造」，「コントロール活用」の順に影響を与えていることから，知識クラスタの中でも「制御構造」と「コントロール活用」の二つの知識クラスタが，問題解決過程に重要な役割を果たしていると考えられる。また，パス係数から，その度合いは，「制御構造」の方が「コントロール活用」よりも相対的により強い影響力を有していると考えられる。このことから，学習指導の場面においては，制御構造に関する知識を概念的な理解に止まらず，プログラミングの実習の中で活用できるように習得させる必要があると思われる。一方，第5章における，知識構造とプログラム作成能力との関連では，プログラム作成能力に対して，「コントロール活用」の影響力が認められなかった。つまり，「コントロール活用」は，プロセス段階においては，影響力があるものの，プロダクト段階においては，影響力が認められない知識クラスタであることが示唆された。これは，「コントロール活用」の多くが，段階的かつ適切な題材展開におけるプログラミング学習のプロセスにて，操作という具体的な行為に変換されていったからではないかと考えられる。このことから，「コントロール活用」については，適切な題材展開を設定した上で，プログラミングの実習の中で操作をさせながら習得させていくことが有効であると考えられる。

第二に，プログラミングの処理手続きにおけるプランニング (Plan)，プランの実現 (Do)，動作チェック (Check)，エラー修正行動 (Action) という一連の過程では，因子Ⅱ「エラー修正」と因子Ⅴ「動作チェック」（共に，$\beta = .84$）というトラブルシューティングを中心とした問題解決過程の方が，因子Ⅰ「オブジェクト機能化」（$\beta = .74$）よりも相対的に知識構造の影響が

強くみられる。このことから，学習指導の場面においては，生徒の知識構造を支援するために，各知識クラスタに対する解説的な学習教材を用意するだけでなく，生徒のつまずきに応じたサポート教材，言い換えれば，トラブルシューティングに対応する学習教材を用意しておくことが大切であると考えられる。

第三に，本モデルにおいては，知識クラスタ「式・演算」に問題解決過程への強い影響力を認めることはできなかった。しかし，この点については，本研究で取り上げているスロットゲームの作成において，高度な式・演算の知識を駆使する必要性のないものであったことが要因であると考えられる。例えば，ある程度，高度な数的処理を目的とする作成（製作）題材の場合，式・演算に関する知識構造の形成度が問題解決に重要な役割を果たしうることは容易に予測できる。言い換えれば，式・演算の知識構造は，作成するプログラムの課題特性との関連において，その重要性に差異が生じるのではないかと考えられる。

4. まとめ

以上，本章では中学生のイベントドリブン型の言語を活用したプログラミング学習における知識構造が，問題解決過程に及ぼす影響について検討した。その結果，以下の知見が得られた。

1) 知識構造の形成度（知識構造得点の水準）は，プログラミングの処理手続きにおけるプランニング，プランの実現，動作チェック，エラー修正のプロセス（PDCA）に影響を与えている一方，論理エラーや構文エラー探索のプロセスに対する影響は認められなかった。

2) 各知識クラスタにより指標化された「知識構造」が，プログラミングの処理手続きにおけるプランニング，プランの実現，動作チェック，エラー修正に正の影響を，知識要求に負の影響を与えていることが確認された。このことから，イベントドリブン型の言語を活用したプログラミ

ングにおける知識構造と問題解決過程の因果関係が確認された。

3）知識クラスタ「制御構造」と「コントロール活用」が，問題解決過程に影響を及ぼしていた。また，その影響度は，「制御構造」＞「コントロール活用」であった。このことから，学習指導の場面においては，制御構造の知識を生徒に十分に習得させることが重要であると示唆された。また，「コントロール活用」は，適切な題材展開を設定した上で，操作を通して習得させていくことが有効であることが示唆された。

4）動作チェックとエラー修正のプロセスが，知識構造の影響を相対的に強く受けていることから，トラブルシューティングの場面において，関連する知識を確認できるような支援が，重要であることが示唆された。

5）個人の知識構造得点の水準により，問題解決過程の様相に差がみられることから，教師は授業において，上・中・下位群の生徒間における相互作用を促進する指導方略を講じる必要があると示唆された。

次章からは，第3章から第6章までに得られた知見を基にして，生徒の学習を支援するオンライン教材（学習支援システム）を開発し，実践の場面での評価を行うことにする。

第7章
イベントドリブン型の言語を活用したプログラミングにおける学習を支援する Web コンテンツの開発

1. 問題と目的

　第6章では，生徒の問題解決と知識構造との有意な関連を確認するとともに，共分散構造分析から，動作チェックとエラー修正のプロセスが，知識構造との影響を相対的に強く受けていることが明らかとなった。このことから，トラブルシューティングの場面において，生徒が関連する知識を確認できるような学習支援をしていくことが，重要であることを指摘した。

　一般に，問題解決的な学習では，学習の目標達成に向けて，生徒が主体的に解決行動を展開することが求められる。左田・松浦[142]は，技術科における問題解決的な学習を分類する中で，プログラミングを「構造化された知識の豊富な問題解決」と位置づけている。これは，プログラミング学習において，生徒が基礎的なプログラム作成の知識・技能を習得するとともに，アルゴリズム的思考を駆使しつつ，プログラム言語の文法的ルールに則って，課題を適切に解決しなければならないことを意味している。

　このような学習過程では，生徒が自らの問題状況に即して，その都度必要とされる知識・技能に関する学習資料を，自由に参照できる学習環境を構築することが重要である。従来，このような学習支援として，担当教員による自作プリントやワークノートなどが活用されてきた。しかし，紙ベースの教材では，情報量を増やせば増やすほど，アクセス性が低下し，生徒が必要な情報を的確に素早く探し出すことは難しくなる。特に，プログラミングのような学習の場合，プログラムの動的動作とプログラムコードを一致させられるような教材を，紙ベースで提供することは，至難と言わざるを得ない。

そのため、コンピュータ室での実習を前提とするプログラミングの学習では、Webコンテンツなど、オンラインによる多様な形態の教材を用意することが求められてきている。このような教材では、担当教員にとって、プリント教材の印刷等の業務を軽減できるだけでなく、生徒に複雑な手順を視覚的、構造的に示すことができ、動的なサンプルをインタラクティブに提示することが可能である。また、サーバ・クライアントシステムを構築することにより、生徒の参照状況をデータ（ログ）として収集・保存し、事後分析することが可能である[143]。これにより、生徒個々の学習指導方略の検討や、生徒の参照状況に即して、コンテンツを修正・更新することが可能となる。

そこで、本章ではVBを環境とした題材「オリジナルスロットゲームづくり」において、サーバ・クライアントシステムを活用して生徒の問題解決を支援するWebコンテンツを開発し、その効果を生徒の問題解決への支援という観点から、実践的に評価することにした。

2. Webコンテンツの開発
2.1 コンテンツの構造

開発したWebコンテンツは、基礎、応用、発展、トラブルシューティングの4領域から構成されている（以後、これらをカテゴリと記述する）。まず、トップメニューにおいて、基礎、応用、発展とトラブルシューティングの各

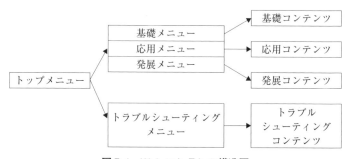

図7-1　Webコンテンツ構造図

リンクが構成されている。次階層では，基礎，応用，発展の各コンテンツへのリンクと，トラブルシューティングのコンテンツのメニューが構成されている。図7-1に開発したWebコンテンツの構造を示す。

2.2 各カテゴリのコンテンツ
2.2.1 基礎カテゴリのコンテンツ

基礎カテゴリのコンテンツには，スロットゲームのプログラムを作成するために必要となる基本的な事項が提示される。プログラミングの基本形となる順次，分岐，反復の各処理に関わる内容や，変数の概念など，プログラミングの基礎的な内容に対応するとともに，題材に寄せた固有の内容に関する情報を，計8項目を用意した。

図7-2に基礎カテゴリのメニューを，図7-3に基礎カテゴリのコンテンツの一部を示す。基礎，応用，トラブルシューティングの各コンテンツのメニューに共通していることとして，生徒の心情に寄せて文末を「～にはどうすればよいの!?」という表現にしている。また，静的な情報を提示するだけで

Part 1 ＜これまでに学習した様々な処理の仕方＞
1 ボタンを押すとラベルに文字を表示するにはどうしたらよいの！？
2 ボタンを押すと画像を表示したり非表示にしたりするにはどうしたらよいの！？
3 ボタンを表示・非表示にするにはどうしたらよいの！？
4 ボタンの機能を有効・無効にするにはどうしたらよいの！？
5 ボタンを押すと画像の表示・非表示を切り替えるようにするにはどうしたらよいの!?
　　(分岐処理:IF～THEN構文の使い方)
6 2つの画像の表示・非表示を自動的に切り替えるにはどうしたらよいの！？
　　(2つの絵柄を切り替えるスロットをつくるには)
7 得点を累計するためにはどうすればよいの！？(変数の使い方)
8 ～以上・以下という条件をつくるにはすればよいの！？

図7-2 基礎カテゴリのメニュー

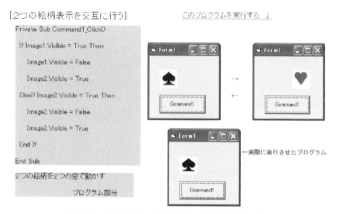

図7-3 基礎カテゴリのコンテンツ(一部)

なく,説明しているプログラムを実行できるようにしてあり,プログラムコードと実際のプログラムを動的に確認できるようにしている。

2.2.2 応用カテゴリのコンテンツ

応用カテゴリのコンテンツには,基本的な学習において扱うことがなかった応用的な内容が提示される。具体的には,オプションボタンやチェックボタンなどのコントロール(オブジェクト)の解説と利用方法,プログラム実行時に変数の初期化を行う方法など,計6項目を用意した。

本コンテンツは,コントロールの働きの説明,フォームへの配置方法,代表的なプロパティの説明と設定方法からなる説明部と,サンプルプログラムのコードの説明,サンプルプログラム(動的)からなるプログラム提示部という二つのブロックで構成されている。図7-4に応用カテゴリのメニューを,図7-5に応用カテゴリのコンテンツにおける説明部,図7-6に応用カテゴリのコンテンツのプログラム提示部の一部を示す。

2.2.3 発展カテゴリのコンテンツ

発展カテゴリのコンテンツは,生徒の発展的な学習への手引きとして,外部のフリーウェア及びリンクフリーのWebサイトへのリンク集を設定した。

第7章 イベントドリブン型の言語を活用したプログラミングにおける学習を支援するWebコンテンツの開発　109

Part ②　＜役に立ちそう！？＞

1　フォームの背景にお好みの画像を貼るにはどうすればよいの！？

2　コントロール（部品）に色を付けるにはどうすればよいの！？

3　オプションボタンはどのように使えばよいの！？（スロットのスピード設定の利用可能）

4　チェックボタンはどのように使えばよいの！？

5　テキストボックスはどのように使えばよいの！？

6　プログラムを実行すると必ず最初に命令をじっこうさせるにはどうしたらよいの！？

図 7-4　応用カテゴリのメニュー

オプションボタンはどのように使えばいいの！？

＜どんな働きの部品なの！？＞
　VBのコントロールツールボックスにある「オプションボタン」は、通常2個以上のセットで使います。たとえば、3個配置した場合、3個の内どれかが選ばれている状態をつくりだします。
　また、セットで使用するためにフレームの上にオプションボタンは位置するところがポイントです。（右の図）

＜どのように配置するするの！？＞
①「フレーム」（右図の左の〇）を選択して、フォームに配置する。
②フレームの上に、オプションボタンを必要な個数配置する。
③オプションボタンのプロパティCaptionを変更する。
　（表示される文字が変化します。上の図では「赤(R)」など）
④フレームのプロパティCaptionを変更してもよいでしょう。

[代表的なプロパティとその使い方]
・オプションボタンが選ばれている状態にしたければ、プロパティウィンドの「Value」を「True」にします。
・プログラムコードでは、Option2.Value＝True とすれば、
　Option2という名前のオプションボタンをチェック状態にできます。

図 7-5　応用カテゴリのコンテンツ（説明部）

<サンプルプログラム>（下をクリックするとプログラムが起動します）
各オプションボタンをクリックするとチェックされ、右のラベルに文字が表示されるプログラム
（サンプルプログラムコード）

```
Private Sub Option1_Click()
    Label1.Caption = "赤"
End Sub
Private Sub Option2_Click()
    Label1.Caption = "緑"
End Sub
Private Sub Option3_Click()
    Label1.Caption = "青"
End Sub
```

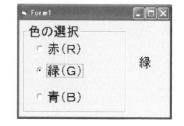

図7-6　応用カテゴリのコンテンツ（プログラム提示）

具体的には、「ヴィジュアルベーシック覚え～る」（フリーソフト　Nobuyuki作)，「やさしいVisual BASIC講座」（http://www.g.dendai.ac.jp/ecture/vbasic/vb01.html）など、VBに関する基礎的・発展的な内容を系統的に紹介しているサイトへのリンクを設定した。

2.2.4　トラブルシューティングカテゴリのコンテンツ

トラブルシューティングカテゴリのコンテンツは、スロットゲームのプログラミングの際に発生する具体的なトラブルに対して、見直しの観点など、解決に向けたアドバイスとなるような情報を提供している。

図7-7にトラブルシューティングカテゴリのメニューを、図7-8、図7-9、図7-10にトラブルシューティングカテゴリのコンテンツの一部を示す。

トラブルシューティングカテゴリのメニューは、次の二つのブロックで構成される。一つは、論理エラーに対処するためのブロックであり、もう一つは、文法エラーに対処するためのブロックである。これらのブロック内において、生徒のつまずきが予想される論理エラー8項目、文法エラー3項目へ

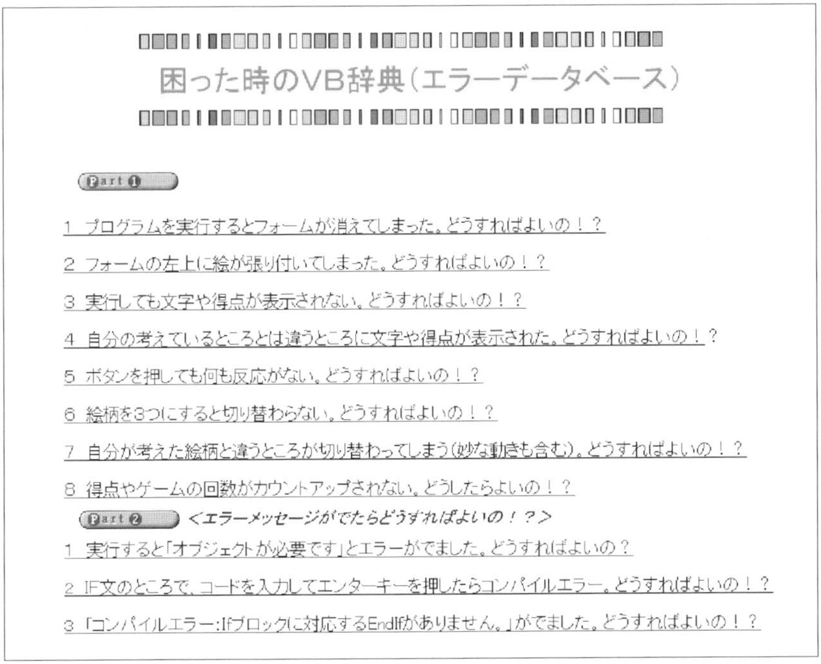

```
困った時のVB辞典（エラーデータベース）

Part❶
1 プログラムを実行するとフォームが消えてしまった。どうすればよいの！？
2 フォームの左上に絵が張り付いてしまった。どうすればよいの！？
3 実行しても文字や得点が表示されない。どうすればよいの！？
4 自分の考えているところとは違うところに文字や得点が表示された。どうすればよいの！？
5 ボタンを押しても何も反応がない。どうすればよいの！？
6 絵柄を3つにすると切り替わらない。どうすればよいの！？
7 自分が考えた絵柄と違うところが切り替わってしまう(妙な動きも含む)。どうすればよいの！？
8 得点やゲームの回数がカウントアップされない。どうしたらよいの！？
Part❷  ＜エラーメッセージがでたらどうすればよいの！？＞
1 実行すると「オブジェクトが必要です」とエラーがでました。どうすればよいの？
2 IF文のところで、コードを入力してエンターキーを押したらコンパイルエラー。どうすればよいの？
3 「コンパイルエラー：Ifブロックに対応するEndIfがありません。」がでました。どうすればよいの！？
```

図7-7　トラブルシューティングカテゴリのメニュー

の対処方法を取り上げている。

　各ページの構成は，エラーの概要，対処方法，ポイントアドバイスから構成されている。エラーの概要では，プログラムの実行時に生じる具体的な症状が説明されている。また，生徒がつまずきやすいと考えられる部分では，確認を促すようなコメントを付加している。対処方法では，プロパティの設定などの確認を促す内容やプログラムコードとその解説を掲載し，トラブル解決のための情報を提供している。ポイントアドバイスでは，対処方法の背景となる基本的な考え方を示し，基礎・応用カテゴリで取り上げた学習内容との関連づけを行っている。

得点やゲームの回数がカウントアップされない。どうすればよいの！？

＜どんなエラーなの！？＞
得点やカウントをアップするためのプログラムコードはしっかり記述してあるのに、得点が増えていかないエラーです。

＜何がいけないの！？　その1＞
このエラーは、いろいろな原因が考えられますが、まず、以下の点をチェックしましょう。

はじめは、変数の宣言を忘れていることが原因となっているエラーです。

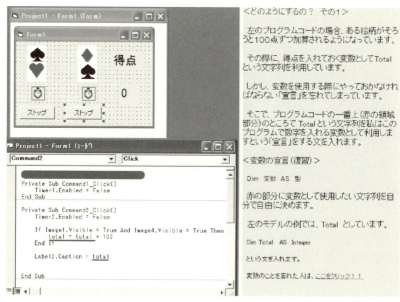

図7-8　トラブルシューティングカテゴリのコンテンツ①

3. 評価方法
3.1 調査対象者

調査対象者を，A県内中学校1校の3年生113名（男子57名，女子56）とした。分析対象は，調査当日欠席等の生徒3名を除いた110名（男子56名，女子54）とした。

<どうするの?>

絵柄が動かない場合、まず次の点をチェックします。

①タイマーのIntervalをプロパティウィンドウで設定してありますか?

②タイマーのEnabledプロパティは、Trueになっていますか?

[2つの絵柄表示を交互に行う]・・・復習です

```
Private Sub Command1_Click()
    If Image1.Visible = True Then           ← もし、Image1が表示されていたら
        Image1.Visible = False                  ←Image1を画面から消して
        Image2.Visible = True                   ←Image2を画面に表示する
    ElseIf Image2.Visible = True Then       ← そうでなくImage2が表示されていたら
        Image2.Visible = False                  ←Image2を画面を消して
        Image1.Visible = True                   ←Image1を画面に表示する
    End If                                  ← If構文の終わり
End Sub
```

図7-9 トラブルシューティングカテゴリのコンテンツ②

3.2 手続き

　題材展開(表2-2参照)において，基礎的学習の終了から一週間のインターバルを経た後，プログラミングの課題(表2-4)を生徒に提示し，取り組ませることにした。この際，①基礎的学習で配布したプリント教材及び自分で作成したデータは参照しないこと，②友と相談しないで一人で作成すること，③Webコンテンツを使用してよいこと，を条件として60分間で作成させた。また，各生徒のWebコンテンツに対する参照状況を，サーバ上で記録した。課題終了時に，作成したプログラムを保存させるとともに，筆者らが作成した「イベントドリブン型の言語を活用したプログラミングにおける問題解決過程尺度」及び「Webコンテンツに関する意識調査」を行った。図7-11に

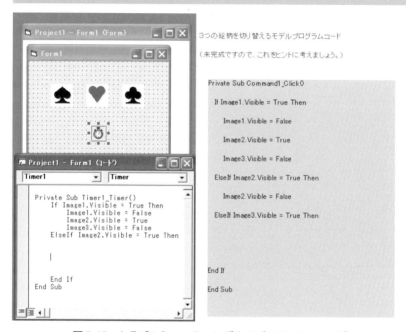

図7-10 トラブルシューティングカテゴリのコンテンツ③

「Webコンテンツに関する意識調査」を示す。

4. 結果と考察
4.1 Webコンテンツに対する参照数

 実践の結果，課題プログラムの作成中に行われたWebコンテンツへの参照行動は，一人当たりの最大延べ回数36回，平均延べ回数10.27回（$SD=6.87$）となった。表7-1に，Webコンテンツのカテゴリ別参照延べ回数とパーセンテージを示す。ただし，これらの集計数には，各カテゴリのメニュー

> このアンケートは成績には関係ありません。思ったとおりに答えてください。
>
> 　　　　　　　　　　　　　　3年　　組　　番　氏名
>
> 〈Ⅰ〉あなたがプログラムを作る時を振り返って，「VB辞典」の使い方について，次の質問に答えてください。
>
> 　　プログラムを作成している時，「VB辞典」をどのように利用しましたか。以下の三つから一番よく当てはまるものを選んで○で囲んでください。
>
> 　①わからないところがあったとき，その部分だけを参照した。
> 　②わからないところだけでなく，わかっているところも確認しながら参照した。
> 　③わからないことがあってもあまり参照しなかった。
>
> 〈Ⅱ〉あなたがプログラムを作る時を振り返って，「VB辞典」の役立ち度について，次の尺度で答えてください。
>
> 　1.「VB辞典」を参照することで，わからないところを自力で解決することができた。
> 　　 a：とても思う　b：まあまあ思う　c：あまり思わない　d：まったく思わない
> 　2．1でcまたはdと答えた人は，「VB辞典」にどのような機能があればよいと感じたか，下記に記入してください。

図7-11　Web コンテンツに関する意識調査

表7-1　各カテゴリ別参照延べ回数とパーセンテージ

カテゴリ	基礎	応用	発展	トラブルシューティング	合計
参照延べ回数(%)	795(67.4%)	122(10.3%)	55(4.7%)	207(17.6%)	1179(100%)

ページは含まれない。したがって，集計数は各カテゴリのコンテンツ参照延べ回数と動的プログラムの実行数との合計である（以後の集計数も同様）。各カテゴリの参照延べ回数では，基礎カテゴリの参照延べ回数がもっとも多く，続いてトラブルシューティングカテゴリの参照延べ回数が多かった。

　そこで，これらのカテゴリにおける各コンテンツの参照状況を表7-2，表7-3に示す。その結果，基礎カテゴリのコンテンツでは，「タイマー」や「得点」に関する内容の参照延べ回数が多かった。また，論理エラーコンテ

表7-2 基礎カテゴリにおける各コンテンツの参照延べ回数とパーセンテージ

コンテンツ	ラベル（文字表示）	画像の表示非表示	ボタンの表示非表示	ボタンの有効無効	画像表示の切り替え	タイマー	得点（変数）	演算子
参照延べ回数と%	67(6) (8.4%)	66(4) (8.3%)	56 (7.0%)	83(6) (10.4%)	109(19) (13.8%)	187(36) (23.6%)	167(22) (21.0%)	60 (7.5%)

※（ ）内は動的なプログラムの参照数。内数にて表示。下段は，基礎カテゴリ全体参照数に対する％を表示。

表7-3 トラブルシューティングカテゴリにおける論理エラーコンテンツの参照延べ回数とパーセンテージ

コンテンツ	フォームが消える	背景に絵柄が表示される	文字や得点が表示されない	文字や得点が違う場所に表示される
参照延べ回数(%)	21(11.2%)	13(6.9%)	28(14.9%)	8(4.3%)

コンテンツ	ボタンを押しても反応しない	絵柄三つが切り替わらない	絵柄が奇妙な動きをする	カウントアップされない
参照延べ回数(%)	30(16.0%)	35(18.6%)	12(6.4%)	41(21.7%)

ンツでは，「カウントアップされない」が最も多く，「絵柄が三つ切り替わらない」がそれに続き，得点やゲームの回数表示に関わる障害である「ボタンを押しても反応しない」，「文字や得点が表示されない」の参照延べ回数も比較的多かった。

　これは，課題となったスロットゲームを作成するためには，最初に，絵柄を三つ切り替える課題をクリアしなければならないこと，基礎的な学習で学んだ二つの絵柄を切り替える分岐処理の知識を，三つの絵柄の切り替えに応用する作業の難易度が高かったことによると考えられる。また，得点の参照延べ回数が一番多かったのは，変数の概念が生徒にとって難しかったことや，ゲームの回数をカウントアップする反復処理の概念に戸惑ったことが要因であると考えられる。

　言い換えれば，比較的難易度が高く，基礎的な事項を自ら応用しなければ解決できないような課題状況においては，基礎カテゴリを用いた学習内容の

確認と，トラブルシューティングカテゴリを用いた障害への対策という二つのアプローチから，Webコンテンツへの参照要求が高まるのではないかと推察される。

4.2 Webコンテンツに対する参照形態

次に，本実践におけるWebコンテンツ参照の仕方の傾向性を把握するために，横軸に参照したカテゴリ数，縦軸に参照回数（参照延べ回数）をとったクロス集計表を作成した（表7-4）。

その結果，これらの要因間に有意な連関が認められた（$\chi^2(4) = 29.31$, $p < .01$）。残差分析の結果，1カテゴリに対する5回以下の参照（頻度18）及び3カテゴリ以上に対する11回以上の参照（頻度22）が有意に多くなった。

また，Webコンテンツに関する意識調査で回答された参照の仕方を表7-5に示す。その結果，全体の69.1%の生徒がつまずきなど，不明な点が発生した場合にその部分を参照しようとしていた。

これらのことから，Webコンテンツへの参照の仕方は，各々の学習状況

表7-4 参照カテゴリ数×参照回数のクロス集計表

	参照したカテゴリ数		
	1カテゴリ参照	2カテゴリ参照	3カテゴリ参照
5回以下	18**	15	3
6回〜10回	12	17	12
11回以上	3	8	22**
計	33	40	37

$\chi^2(4) = 29.31$, **$p < .01$

表7-5 Webコンテンツの参照の仕方

参照の仕方	不明部分のみ参照	確認して他も参照	あまり参照しない
度　数	76	31	3
比　率	69.1%	28.2%	2.7%

$N = 110$

に即して必要な情報だけをピンポイントで収集する形態が多いものの，その中でも一部のコンテンツを数回のみ使用する生徒と，多くのコンテンツを繰り返し使用する生徒という二つのタイプに分けられることが示唆された。

4.3 Webコンテンツ利用と問題解決過程との関連

Webコンテンツに関する意識調査より，問題の自力解決に役立ったのかどうかを集計した。その結果，110名中，40名（36.4%）が「とても思う」，56名（50.9%）が「まあまあ思う」と回答し，両者をあわせると全体の87.3%がWebコンテンツを有効と評価していることが明らかとなった。そこで，頻度の少なかった「あまり思わない」，「まったく思わない」と回答した生徒（14名，12.7%）を統合し，全体を3群に分けた。そして，群間でイベントドリブン型の言語を活用したプログラミングにおける問題解決過程の各因子（因子Ⅰ「オブジェクト機能化」，因子Ⅱ「エラー修正」，因子Ⅲ「論理エラー探索」，因子Ⅳ「構文エラー探索」，因子Ⅴ「動作チェック」，因子Ⅵ「知識要求」）の水準を比較した。表7-6に各群における各問題解決過程因子の下位尺度得点

表7-6 各群における各問題解決過程因子の下位尺度得点の平均と標準偏差

群	N	因子Ⅰ オブジェクト機能化 Mean	SD	因子Ⅱ エラー修正 Mean	SD	因子Ⅲ 論理エラー探索 Mean	SD
とても思う	40	24.40	3.59	10.43	1.55	11.50	2.45
まあまあ思う	56	24.11	4.24	9.54	1.93	11.14	2.68
思わない	14	16.79	7.11	7.86	3.09	9.57	4.07

群	N	因子Ⅳ 構文エラー探索 Mean	SD	因子Ⅴ 動作チェック Mean	SD	因子Ⅵ 知識要求 Mean	SD
とても思う	40	7.00	1.26	6.75	1.08	5.78	1.54
まあまあ思う	56	6.88	1.31	6.30	1.51	6.07	1.62
思わない	14	5.43	2.28	4.64	1.99	5.93	2.43

表7-7 多重比較

因子	F比 $F_{(2,107)}$	有意水準	MSe	有意水準	多重比較の結果
因子Ⅰ	16.92	**	20.07	*	とても思う群＝まあまあ思う群＞思わない群
因子Ⅱ	8.86	**	3.94	*	とても思う群＞まあまあ思う群＝思わない群
因子Ⅲ	2.49	n.s.	—	—	—
因子Ⅳ	6.65	n.s.	—	—	—
因子Ⅴ	11.14	**	2.08	*	とても思う群＝まあまあ思う群＞思わない群
因子Ⅵ	0.35	n.s.	—	—	—

*$p<.05$ **$p<.01$

の平均と標準偏差を示す。

分散分析の結果，因子Ⅰ「オブジェクト機能化」，因子Ⅱ「エラー修正」，因子Ⅴ「動作チェック」において，群の主効果が有意であった。各因子においてLeveneの検定を実施したところ，すべてにおいて，等分散が仮定されなかったため，DunnettのC法による多重比較を行った。多重比較の結果を表7-7に示す。

その結果，因子Ⅰ「オブジェクト機能化」と因子Ⅴ「動作チェック」においては，Webコンテンツに対して有効性を感じている2群（「とても思う」群「まあまあ思う」群）と，「思わない」群との間に有意な差が認められた。また，因子Ⅱ「エラー修正」では，「とても思う」群と他の2群との間に有意な差が認められた。

これらのことから，Webコンテンツの有効性を高く評価している生徒ほど，オブジェクトの機能化や動作チェック，エラー修正等の問題解決を適切に遂行していたことが示唆された。言い換えれば，Webコンテンツの活用が，これらの問題解決過程の支援に有効であったのではないかと推察される。

4.4 Webコンテンツの活用事例

以上の結果を踏まえ，具体的に生徒がどのようにWebコンテンツを活用して，課題とされたプログラムを作成していたか，その事例を検討した。こ

表 7-8　A 生の Web コンテンツに対する参照ログ

参照順	カテゴリ	参照コンテンツ	参照時刻
1	トラブル	背景に絵柄が表示される	0:00:59
2	基礎	ボタンの表示・非表示	0:08:16
3	基礎	ボタンの有効・無効	0:08:43
4	基礎	画像表示の切り替え	0:08:55
5	基礎	演算子	0:09:31
6	基礎	タイマー	0:12:55
7	基礎	画像の表示・非表示	0:26:22
8	トラブル	文字や得点が表示されない	0:27:05
9	トラブル	ボタンを押しても反応しない	0:28:19
10	基礎	得点（変数）	0:30:23
11	トラブル	カウントアップされない	0:46:09
12	基礎	タイマー→動的コンテンツの実行	0:48:03

※表中「トラブル」は，本文中の「トラブルシューティング」の略表記
※表中「参照順」1～12が，本文中①～⑫に該当

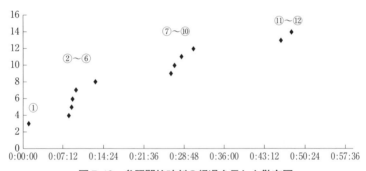

図 7-12　参照開始時刻の経過を示した散布図

こでは，課題プログラムの全ての機能を作成することができ，かつ Web コンテンツの参照延べ回数が平均的であった生徒として，生徒A（以下，A生）を事例として抽出した。

　A生は，60分間に基礎及びトラブルシューティングカテゴリの2カテゴリに，延べ12回の参照を行った。意識調査における評価では，Web コンテンツの有効性を「とても思う」と回答している。表7-8は，A生のWebコン

テンツに対する参照ログである。また，図7-12は，参照開始時刻の経過を示した散布図である。

　A生は，課題に取り組みだした最初に，トラブルシューティングカテゴリの「背景に絵柄が表示される」(0:00:59) を参照した（①）。これは，スロットの絵柄を，Imageコントロールのプロパティを利用して設定しようとしたところ，フォームのプロパティに画像ファイル名を指定してしまったエラーを起こしていたことによるものと考えられる。その後，約7分間は，コンテンツへの参照はなく，課題となるプログラムの作成を行っていたと思われる。

　8:16には，基礎カテゴリの「ボタンの表示・非表示」，「ボタンの有効・無効」，「画像表示の切り替え」を参照している（②～④）。これは，スロットの画像を切り替えるプログラムを作成しつつ，プレイヤーが左からボタンを操作する方法を検討したためであると考えられる。

　9:31には，「演算子」，12:55には，「タイマー」を参照（⑤⑥）していることから，得点機能の作成に入っていると考えられる。この後，約14分間，Webコンテンツの参照はなく，スロットゲームの得点機能の作成を進めたと思われる。

　26:22には，「画像の表示，非表示」を参照している（⑦）。この参照行動の前には，得点機能の作成に取りかかっていることから，⑦の参照は画像の表示，非表示の切り替え方法を確認したのではなく，得点にかかわるIF構文の確認をしたものと考えられる。

　直後の27:05～30:23の比較的短時間の間に，トラブルシューティングカテゴリ「文字や得点が表示されない」，「ボタンを押しても反応しない」，基礎カテゴリ「得点（変数）」を参照している（⑧～⑩）。これは，得点機能及びゲームの回数表示に関わるつまずきが生じたためであると考えられる。この後の約16分間，得点機能，ゲームの回数表示のプログラミングに取り組んだと考えられ，Webコンテンツへの参照は行われていない。

　46:09には，トラブルシューティングカテゴリの「カウントアップされな

い」，48:03には，基礎カテゴリの「タイマーの動的コンテンツ実行」を行い，コンテンツ参照は終了となる（⑪⑫）。

　上記の事例からは，前述した三つの傾向を確認することができる。第一に，⑦〜⑩の参照行動及び⑪〜⑫の参照行動では，4.1で述べたように，基礎カテゴリを用いた学習内容の確認とトラブルシューティングカテゴリを用いた問題への対策という二つのアプローチから，Webコンテンツを使用している。第二に，図7-12に示すとおり，参照行動に一定な波があることから，4.2で述べたように，つまずきや方法がわからないなど，各場面での学習状況に即して必要な情報をピンポイントで収集している様相が伺われる。その際，A生は，4.2で述べた多くのコンテンツを繰り返し使用するタイプだと考えられる。第三に，4.3で述べたように，A生はWebコンテンツの有効性を高く評価しており，実際に課題の条件を満たす適切なプログラムを作成することができている。また，その過程において適切にオブジェクトを機能化し，動作チェックとエラーの修正を展開している。

　これらのことから，本研究で開発したWebコンテンツが，VBを環境とした題材において，生徒の問題解決を適切に支援しうる効果的な教材として機能したことが示唆された。

5. まとめ

　本章では，イベントドリブン型の言語を活用したプログラミングにおける生徒の問題解決を支援するWebコンテンツを，題材「オリジナルスロットゲームづくり」の事例において開発し，サーバ・クライアントシステムの環境で利用させ，その効果を実践的に検討した。その結果，次の点が明らかとなった。

1）Webコンテンツに対する参照数の検討から，比較的難易度が高く，基礎的な事項を自ら応用しなければ解決できないような状況においては，基礎カテゴリを用いた学習内容の確認と，トラブルシューティングカテ

ゴリを用いた問題への対策という二つのアプローチから，学習資料への参照要求が高まるのではないかと推察された。

2）Webコンテンツに対する参照形態の検討から，各々の学習状況に即して必要な情報だけをピンポイントで収集する形態が多いものの，その中でも一部のコンテンツを数回のみ使用する生徒と，多くのコンテンツを繰り返し使用する生徒という二つのタイプに分けられることが示唆された。

3）Webコンテンツ利用と問題解決過程との関連では，Webコンテンツの有効性を高く評価している生徒ほど，オブジェクトの機能化や動作チェック，エラーの修正等の問題解決を適切に遂行していたことが示唆された。言い換えれば，Webコンテンツの活用が，これらの問題解決過程の支援に有効であったのではないかと推察された。

4）Webコンテンツの参照延べ回数が平均的であったA生の事例検討から，開発したWebコンテンツが，VBを環境とした題材「オリジナルスロットゲームづくり」において，生徒の問題解決を適切に支援しうる効果的な教材として機能したことが示唆された。

次章では，一斉学習における相互作用を促進する学習支援システムの開発及びその効果について述べることにする。

第8章
イベントドリブン型の言語を活用したプログラミングにおける生徒間の相互作用を促す学習支援システムの開発

1. 問題と目的

　第6章までの研究において，個人の知識水準により，問題解決過程の様相に差がみられることから，上・中・下位群の生徒間における相互作用を促進する支援の重要性を指摘した。義務教育における授業は，基本的に学級や習熟度別，少人数に編成された集団において実施される。教師は，扱う題材や生徒の実態を踏まえて，個別・ペア・グループ・一斉などの学習形態を組み合わせて授業を実施する。しかし，一般的に教師や友との関わり合いがない個別の形態にて授業時間の全てを進めることは，ほとんどない。

　佐藤は，学校教育における「自己教育力」「自学自習」という言葉で表現されている個人主義的な学びの強調に警鐘を鳴らし，「教師が指導する協同学習」の重要性を指摘している。佐藤がいう「教師が指導する協同学習」とは，教師の指導のもと，学びの主体が協同・共同で学習を進める「協同的な学び」と，学びの主体が互いのアイディアを与え分かち合う「互恵的な学び」を意味している[144]。このような，教師と学びの主体及び学びの主体間における相互作用の基礎的知見については，Vygotskyの発達理論を中心とした社会的構成主義[145]の立場として，先行研究においても数多く報告されている。例えば，Rogoffらは，仲間との共同作業により，架空の買い物計画のプランニング技能（買い物の計画を立てて行動するというスキル）が向上することを報告している[146]。また，PalincsarとBrownらは，文章読解の場面において，理解活動を教師，学びの主体がかかわりながら作り上げていく共同学習である「相互教授」の効果を報告している[147]。

中学校技術科における「協同的な学び」の具体的な実践例としては，例えば，ロボコンの題材に見られるような同一の製作物を役割分担して製作するような協同学習や，一つのプログラムをペアやグループで協議しながら作成していく共同学習がある。一方，「互恵的な学び」は，生徒の工夫・創造を生かした製作活動を展開する「個別の作品製作」という形態で数多く実践されている。

　「個別の作品製作」では，アイディアを与え分かち合う「互恵的な学び」が重要であるが，生徒個々の解決すべき技術的な問題が異なっている場合が多く，追究に行き詰まった場合，友からのアドバイスを得ることが難しくなるという指導上の問題がある。同一の課題に取り組んでいる場合には，自席の近くにいる友にアドバイスを求めることで問題解決への見通しをもつことが容易であるのに対し，個別の課題に取り組んでいる場合は，隣にいる友が必ずしも同一の課題に取り組んでいるとは限らない。このような状況下において，解決できない問題が頻繁に発生した場合には，確実にアドバイスを得ることのできそうな生徒へ聞きに行けばよいという暗黙の了解が学級内に広がり，アドバイス役になってしまった生徒は，友への支援活動のみに追われ，自分の課題に取り組む時間がなくなってしまう現象がしばしば発生する。これは，学級全体における「互恵的な学び」がうまく機能していない例である。

　このような問題点を改善するために，これまでも学校現場では，教師が生徒の取り組んでいる内容を座席表へ記入して配布したり，似たような内容に取り組んでいる生徒同士を近づけたりするなどの手だてを講じ，情報を収集する活動が円滑に進み，学級全体における「互恵的な学び」が機能するように工夫してきた。しかし，このような手だてを講じても，以下のような問題が残っていた。

　①リアルタイムで進んでいる生徒の追究と座席表の内容とのずれが発生する。

　②そもそも毎時間このような座席表を教師が準備することや，座席を頻繁

に変更する作業というのは，教師にとって時間的に多大な負担となる。特に担当する学級が多い技術科の教師の場合，この活動を日常化していくことは現実的ではない。

③教師の意図で席を変更する場合，生徒の反応は好意的なものではない。

そこで，本章では，上記①〜③の問題を解決するために，コンピュータネットワークを活用し，生徒間の相互作用を促進するための学習支援システムを開発する。そして，開発した学習支援システムが，互恵的な相互作用を促進し得たかどうかを，事例で検討するとともに，製作作品の質の向上に役立ったのかを検証することにした。

2. システムの開発
2.1 開発システムの基本構想

開発する学習支援システムは，中学校での普及をめざすことから，大がかりなシステムを構築するのではなく，現有のコンピュータ室での環境にて使用できるように開発する。例えば，N市の公立中学校の場合，コンピュータ室はドメインコントローラとファイルサーバを兼ねたサーバ1台と，インターネットへ接続するためのプロキシサーバ1台の計2台のサーバが存在し，40台のクライアントでネットワークを構成している場合が多い。また，ソフトウェアとしてはMicrosoft Officeが共通に入っている。そこで，今回はMicrosoft Excel（以下，Excel）を活用したデータベースを構築することにした。具体的には，ファイルサーバにExcel形式のデータを共有できるようにしておき，各クライアントのExcelでデータを読み込んで使用するシステムとした。なお，本システムを「学びあい検索システム」とし，システムの構成を図8-1に示す。

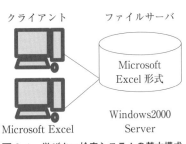

図8-1 学びあい検索システムの基本構成

2.2 開発環境・言語

学びあい検索システムの開発は，マクロ言語でありながら，最近ではWindowsの主要な開発言語として位置づけられている[148]Excel VBAで行った。

2.3 学びあい検索システムの概要
2.3.1 ユーザ認証

学びあい検索システムでは，一人一人の取り組み状況をExcelのシートに記録していく。そのために，他人のシートへ間違った情報を記載しないように，オープニングではユーザ名とパスワードによるユーザ認証を行う（図8-2）。

また，管理者でログインすると，様々な設定を簡単に行う管理シートへ，簡単にアクセスできるようにしている。

2.3.2 メニュー選択画面

ログインに成功すると，メニュー選択画面（図8-3）が表示される。このメニュー選択画面で，生徒は二つのサブメニューのどちらか（図8-3中①・②）を選択することになる。

図8-2　ログイン画面

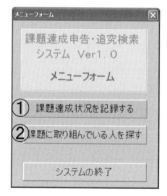
図8-3　メニュー画面

2.3.3 達成状況の記録と一覧表

メニュー選択画面の①「課題達成状況を記録する」を選択すると，図8-4の記録画面が立ち上がる。ここでは，検索する際の基となるデータを作成する。必要な操作を行うと，個人シートの該当する場所に，「課題を取り組みだした時間」と「終了した時間」が書き込まれる。生徒には，この操作で登録される情報は，後の検索で互いに使用することや，教師が学習の評価情報として活用することを事前に伝えておき，登録し忘れることのないように伝えておく。そして，次のような登録方法を具体的に指導する。

・課題を取り組もうとしたときに，項目を選択して「現在取り組んでいます」をチェックし，送信ボタンを押す。

・取り組んでいる課題が終了したときに，項目を選択して「解決しました」をチェックし，送信ボタンを押す。

また，管理者でログインすると図8-4の右上「メンテナンスボード」の部分がアクティブとなり，表8-1の「生徒の取り組み状況の一覧表」（以下，一覧表）を作成したり，一覧表の印刷ができたりするようになっている。一覧表の情報により，生徒がどの課題をどのくらいの時間で取り組み終えたのか，

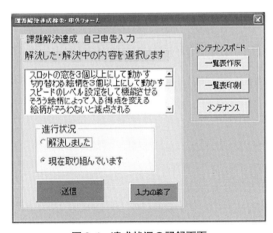

図8-4　達成状況の記録画面

表 8-1　記録される情報の一覧表（一部）

整理番号		スロットの窓を3個以上にする	切り替わる絵柄を3個以上にする	スピードのレベルが設定できる	そろう絵柄によって入る得点を変える
21		完了	完了		完了
	開始月日	2003/9/5	2003/9/5		2003/9/12
	開始時間	13:31:40	13:37:34		11:50:52
	完了月日	2003/9/5	2003/9/5		2003/9/12
	完了時間	13:37:26	13:51:58		12:11:13
25		完了	完了	完了	完了
	開始月日	2003/9/5	2003/9/5	2003/9/12	2003/9/12
	開始時間	13:36:53	13:38:31	11:55:04	12:03:54
	完了月日	2003/9/5	2003/9/5	2003/9/12	2003/9/12
	完了時間	14:07:01	14:08:51	12:01:48	12:12:15

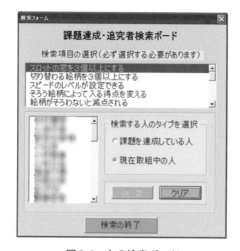

図 8-5　友の検索ボード

どの課題とどの課題とを同時に進めていたのかなど，授業後に教師が生徒の追究の様子について，把握することができるようになっている。

2.3.4　友の検索

自分の取り組んでいる課題に対して困ったときに，図 8-3 のメニューから②を選択すると，図 8-5 のボードが開く。ここでは，まず，自分が取り組んでいる項目を選択する。そして，自分が取り組んでいる課題について，「現

在取組中の人」又は，「課題を達成している人」のどちらかにチェックをし，検索ボタンを押すと該当する生徒の名前が表示される。これにより，生徒は自分が困っている課題に対して，アドバイスを得ることができそうな友を探すことが，オンラインで可能となる。

3. 評価方法
3.1 学びあい検索システムの利用期間
スロットゲームづくりにおいて，各自がプロトタイプからオリジナルスロットゲームを作成する応用的学習（表2-2参照）の4時間を使用期間とした。ただし，学びあい検索システムを利用するクラスについては，システムの使用方法を別時間で扱った。

3.2 事例検討のための記録収集の方法
学びあい検索システムが，生徒の問題解決に役だったかどうかを検討するために，システムの使用状況を事例検討する。生徒が，学びあい検索システムを活用する授業時間に，授業者のほかに複数の職員を配置し，システムを使用する状況をVTRで記録した。このVTRで記録した時間を，以後「本時」と表記する。VTRを操作する職員は，いつ，誰が学びあい検索システムを使用するかわからないため，1人で4人～6人の生徒をターゲットとするようにした。

3.3 システム評価
3.3.1 システム評価1
学びあい検索システムが，生徒の製作する作品の質的向上に役だったかどうかを検討するために，学びあい検索システム使用群と非使用群におけるスロットゲームの作品評価を行った（群分けによる配慮事項は第2章「実験・調査を実施する上での配慮事項」を参照）。

調査対象者は，A県中学校1校の3年生2クラスとした。このうち，一方のクラスをシステム使用群40名（男子20名　女子20名），もう一方のクラスを非システム使用群40名（男子20名　女子20名）とした。応用的学習の終了後，教職経験10年以上の教師2名で，サーバに保存してある生徒が作成したプログラムを閲覧し，協議をしながら作品の評価を行った。具体的には，作品に付加されている工夫・創造項目（表2-3参照）の数について調査した。本章では，工夫・創造項目数を，作品の質的評価を測定する指標とした。

3.3.2　システム評価2

生徒が，スロットゲームの作品づくりにおいて，学びあい検索システムをどのように活用していたのかを把握するために，質問紙法を用いて調査を行った。なお，調査対象者は，システム評価1におけるシステム使用群（男子20名　女子20名）とした。本題材の学習がすべて終了したところで，学習に対する自己評価を自由形式で記述させるとともに，学びあい検索システムについて，①友だちの進度を確かめることに役だった，②新しいことを習得することに役だった，③トラブルを解決することに役だった，の3項目について，「4：とてもそう思う，3：そう思う，2：あまり思わない，1：まったく思わない」の4段階で回答させた。

4.　結果と考察

4.1　学びあい検索システムの活用事例

生徒がどのように学びあい検索システムを活用して，問題を解決し得たのか，その事例を検討した。ここでは，VTRの記録に問題解決の様子が残り，課題プログラムの全ての機能を作成することができ，かつ工夫・創造項目数が平均的であった生徒として，生徒T（以下，T生）を事例対象として抽出した。

T生は，プロトタイプ（図8-6）から，オリジナルスロットゲームづくりでは，サッカー選手のユニフォームの上下がそろうと得点が加わる作品

第 8 章　イベントドリブン型の言語を活用したプログラミングにおける生徒間の相互作用を促す学習支援システムの開発　　133

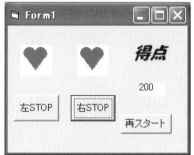

図 8-6　T生のプロトタイプ

図 8-7　T生の完成作品

（図 8-7）製作を行っていた。そして，本時は前時にほぼ完成していた，何種類かのユニフォームがそろうとそれぞれ違う得点が入る部分のプログラミングをすることにしていた。

表 8-2　T生の活用状況

～ VTR の記録～（時間は午前）
10:30
［教師から本時の学習の進め方について聞く。］
10:33
［前時の続きのプログラミングを始める。］
10:37
［前時からの続きの部分を完成させ，減点の条件をどのようにしたらよいか考える。］
10:41
［「学びあい検索システム」を開いて，「そろう絵柄によって入る得点を変える」を選び，課題を達成している友を検索する（写真 8-1）。検索した 3 名から C 生を選び，アドバイスを得るために移動する。］
10:43
T生 1：例えば得点で，Image1 と Image3 が表示されたら得点が入るよね。それ以外は減点にしたいけれど，If ～ Then 構文で「それ以外」というのはどうすればいいの。
C生 2：「それ以外」だけなら Else を使えばよいと思うけれど，絵柄によって減点のパターンをいくつもつくる場合は，すべての条件を記述するしかないと思うよ。

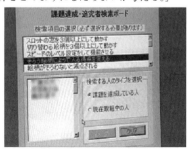

写真 8-1　検索結果の表示

T生3：えっ。全部の条件を記述したの。
C生4：うん。そうした。
T生5：わかった。ありがとう。
10:45
［自分の席に戻り，コードウィンドウを開いて以下のプログラムコードを記述した（①の部分はT生が，C生からアドバイスをもらった後，記述したプログラムの一部）。］
（前略）
　ElseIf Image2.Visible = True And Image8.Visible = True Then
　　　total = total - 130
　ElseIf Image3.Visible = True And Image7.Visible = True Then　　①
　　　total = total - 220
　ElseIf Image3.Visible = True And Image6.Visible = True Then
　　　total = total - 200
（後略）

【考察】　T生は，絵柄がそろうと得点が入るプログラムの一部ができている状態で本時の学習に臨んだ。追究開始から約4分後には，このプログラムを完成することができた。その後，得点が入る場合以外は減点するようにしたいと考え，どのようにしたらよいのか迷ったT生は，学びあい検索システムを活用してアドバイスを得ることのできそうな友を探した。そして，検索ボードに表示された3人の中からC生にアドバイスをもらおうと決めて席を立った。

　T生は，初め減点のパターンを一つにしようと考え，「得点が入る以外は」という表現方法をどのようにしたらよいのかC生に質問した（T生1）。C生は，If～Then構文のElseを活用する方法についてアドバイスをするとともに，自分が取り組んだ「絵柄がそろわない様々な場合の減点方法」についてのアドバイスをした（C生2）。T生は，絵柄のそろわない場合の条件を，If～Then構文を使用してすべて記述したのかを確認し（T生3），席に戻っ

写真8-2　成果を発表する

た。その後，T生はプログラムコード①(表記は一部)を記述した。

これは，T生が学びあい検索システムを用いて，友からアドバイスを得ることにより，技術的な問題を解決していった姿である。このことは，T生にとって，学びあい検索システムが，技術的な問題を解決していく上で，役だったツールであったことを示している。

その後，11:05から開始した，グループにおける取り組み成果の確認活動では，他の3名の生徒にディスプレイを指しながら，学びあい検索システムを基に解決した内容について説明するT生の姿を，観察することができた(写真8-2)。

4.2 学びあい検索システムが作品の質的向上に与える影響（システム評価1）

システム使用群，非システム使用群各40名の内，システム使用群では長期欠席により学習進度が大幅に遅れている女子生徒1名，また，非システム使用群については，スロットゲームづくり（応用的学習）の4時間のところで，欠席によって同一時間でのプログラミングを行うという前提が成立しない男子生徒1名を除き，両群とも39名で分析をした。

表8-3は，システム使用群とシステム非使用群における，生徒が作品に取り上げた工夫・創造項目数の平均と標準偏差を示したものである。t 検定の結果，両群の平均の差は有意であった（両側検定：$t(76)=2.68, p<.01$）。したがって，学びあい検索システムは，生徒の作品の工夫・創造項目数を多くするために役立つシステムであるといえる。

この主たる要因は，教師が用意した資料のみでは問題を解決することが困

表8-3 工夫・創造項目数の平均と標準偏差

	システム使用群	システム非使用群
N	39	39
Mean	5.7	4.8
SD	2.9	2.3

難になった場合に，学びあい検索システムを活用することにより，友との情報交換が効果的に促進され，問題解決の糸口を容易に得ることができるようになったことにあると考えられる。つまり，学びあい検索システムは，生徒の問題解決を適切に支援し，作品の質的向上に有効なシステムであるということが示された。

4.3 学びあい検索システムの利用用途（システム評価2）

システム評価2では，4.2で示したシステム使用群の生徒39名で分析をした。はじめに，システム使用群の39名について，工夫・創造項目の数の多い方から25％を工夫・創造上位群，少ない方から25％を工夫・創造下位群と設定した。

全体の平均値は，①の項目が（3.02），②の項目が（2.44），③の項目が（2.89）となり，学びあい検索システムを活用して，トラブルの際にアドバイスを求める友を探すという目的のほかに，自分の取り組みの進行状況が，ほかの生徒と比較してどうであるかを確かめるために，学びあい検索システムを利用している生徒が多いことも示唆された。言い換えれば，学びあい検索システムが，学習のペースメーカーとして活用されていたことが示唆された。

次に，表8-4は，①〜③の質問項目における，工夫・創造上位群と下位群の4段階尺度の平均値と標準偏差を示したものである。学びあい検索システムの利用用途に関する質問では，②「新しいことを習得することに役だった」について，工夫・創造上位群と下位群において，有意差が認められた（ウェルチ法による t 検定，両側検定：$t(15) = 3.07, p < .01$）。

このことから，下位群の生徒の方が，上位群の生徒よりも学びあい検索システムを活用して，友から新しい情報を得ている感覚をもっているという示唆を得た。言い換えれば，工夫・創造下位群の生徒は，上位群の生徒と比較して，あらかじめ用意された資料だけでなく，新たな知識を構成する際に，

表8-4　学びあい検索システムの評価

質　問　項　目		上位群 $N=10$	下位群 $N=10$	
①「検索システム」は，友だちの進度を確かめることに役だった。	Mean SD	2.60 0.92	2.80 0.87	$t=0.47$ n.s.
②「検索システム」は，新しいことを習得することに役だった。	Mean SD	1.80 0.75	2.70 0.46	$t=3.07$ **
③「検索システム」は，トラブルを解決することに役だった。	Mean SD	2.40 1.02	2.90 0.94	$t=1.08$ n.s.

$**p<.01$

学びあい検索システムを活用している可能性が指摘できる。第6章における結果からも，知識と問題解決とは有意な関連が認められることから，学びあい検索システムは，特に，工夫・創造下位群の生徒の問題解決に役立っていることが示唆された。

　一方，①③の項目には有意差が認められなかった。これは，それぞれ次のような理由によるものと考えられる。まず，①の項目については，技術とものづくりの授業のように，まわりを見渡すと自分の進行状況が把握できる授業とは違い，生徒は集団の中において，自分の進行状況がどのような位置であるのかということを容易に把握することができない。これは，どのレベルの生徒であっても同じことであることから，進行状況を確認する使い方に関する質問項目では，工夫・創造上位群と下位群間で有意とならなかったと考えられる。次に，③の項目については，トラブルを解決するという行為は，その内容・程度が異なるにせよ，どのレベルの生徒にも発生し，取り組まなければならないことである。そのため，トラブルを解決するために，学びあい検索システムが役だったかどうかについては，工夫・創造上位群と下位群間で有意とならなかったと考えられる。

5. まとめ

　本章では，社会的構成主義の授業観に立ち，生徒の互恵的な相互作用を促す学習支援システムを開発して，その効果を検証した。その結果，以下の点が示唆された。

1) T生の事例から，生徒の学びあい検索システムを利用した問題解決の具体的な姿が明らかとなった。

2) 学びあい検索システムは，生徒の作品の工夫・創造項目数を多くするために役立つシステム，つまり，製作作品の質的向上に役立つシステムであることが示唆された。これは，友との情報交換が効果的に促進され，問題解決の糸口を容易に得ることができるようになったことが主要因であると考えられることから，学びあい検索システムは生徒の問題解決を支援しうる有効な学習支援システムであるということが示唆された。

3) 学びあい検索システムは，友を検索するという利用方法の他に，学習のペースメーカーとして役割をもっていたことが示唆された。

4) 工夫・創造下位群の生徒は，上位群の生徒と比較して，あらかじめ用意された資料だけでなく，新たな知識を構成する際に，学びあい検索システムを活用している可能性がある。第6章において，知識と問題解決とは有意な関連が認められることから，学びあい検索システムは，特に，工夫・創造下位群の生徒の問題解決に役立っていることが示唆された。

　第7章では，Webコンテンツの開発と効果の評価を行い，本章では，学びあい検索システムの開発と効果を検証した。これらの学習支援システムは，それぞれ単体での評価を行い，問題解決及び作品の質的向上に役立つことが示唆された。

　一方，この2種類の学習支援システムを題材展開の中で，同時に導入した場合の効果については検討できていない。そこで，次章では，2種類の学習支援システムを，同時に導入した学習指導を実践し，本研究の目的である生徒の問題解決過程を適切に支援し得たかどうかを検証する。

第9章
イベントドリブン型の言語を活用したプログラミングにおける生徒の問題解決を促す学習指導の試行的実践

1. 問題と目的

　第3章から第6章においては，イベントドリブン型の言語を活用したプログラミングにおける問題解決過程の構造を明らかにし，知識構造，プログラム作成能力との三者の関連を考察するとともに，生徒の問題解決を支援しうる学習支援システム開発のための基礎的知見を得てきた。

　そして，第7章では，生徒個々の知識参照を支援する学習支援システムを開発し，その使用状況について，サーバ機能を利用して記録されたログを解析した。第8章では，社会的構成主義の授業観に立ち，生徒の互恵的な相互作用を促す学習支援システム（学びあい検索システム）を開発し，その使用状況についてVTRで記録した映像を分析した。また，システム使用群とシステム非使用群とにおいて，製作作品の質（できばえ）について，工夫・創造項目数を指標として比較した。これらの結果から，2種類の学習支援システムが，それぞれ生徒の問題解決を支援しうること，製作作品の質的向上に役だつことを確認した。

　しかし，これらの学習支援システムは，それぞれ単体での評価は行っているものの，題材展開の中で，両者を同時に導入した場合の効果については，検討できていない。

　そこで本章では，開発した上記2種類の学習支援システムを同時に導入した学習指導を試行的に実践し，問題解決過程を適切に支援し得たかどうかを検証することにした。そして，学びの主体は生徒であるという立場から，これら開発した2種類の学習支援システムが，生徒の学習に対する情意面に対

して，どのような影響を及ぼしうるかについても検討することにした。

2. 方法

2.1 調査対象者及び群分け

調査対象者を，A県中学校1校の3年生223名（男子114名，女子109名）とした。分析対象は，調査対象となる授業を欠席した生徒15名を除いた208名（男子108名，女子100名）とした。このうち，対照群（システム非使用）を102名（男子52名，女子50名），実験群（システム使用）を106名（男子56名，女子50名）とした。

2.2 システム使用期間

題材「オリジナルスロットゲームづくり」における題材展開（表2-2参照）中の応用的学習（4時間）の期間とした。ただし，実験群には，学習支援システムの使い方を説明する時間を別に確保した。なお，第2章で述べたように，本群分けにより，対照群の生徒に学習上の不利益が生じないように，事後指導については，教材を使用する時間を追加する等，十分な配慮を行った。

2.3 調査の手続き

2.3.1 事前調査

まず，両群のプログラム作成能力が等質であることを確認するために，生徒が基礎的学習で作成したプログラムを点数化した。具体的には，基礎的学習における「サンプルプログラムの作成→達成課題の作成→発展課題の作成」の場面で，生徒の作成したプログラムを，教職経験10年以上の教員3名で協議して採点した。採点にあたっては，サンプルプログラムまでできていれば1点，達成課題のプログラムまでできていれば3点，発展課題のプログラムまでできていれば5点とする配点基準を用いて得点化した（満点は20点）。以下，これを個人の「作成能力点」とし，プログラム作成能力の指標とした。

2.3.2 実験授業の展開と事後調査

応用的学習において，対照群ではプリント教材を，実験群ではプリント教材と開発した2種類の学習支援システムをそれぞれ使用した。応用的学習の終了後，「イベントドリブン型の言語を活用したプログラミングにおける問題解決過程尺度」(以下，問題解決過程尺度）を用いた調査を実施した。この時，学習を終えた生徒の情意的な評価を把握するために，質問紙による調査も実施した。質問項目は，生徒が毎時間記入するワークシートの内容を参考に，①学習内容でわかったことや不十分なこと，②授業への取り組みに対する見返し，③充実感や自信，④もっと学習したいこと等に関係する予備尺度18項目を，教職経験10年以上の教員3名で相談して作成した（以下，情意評価尺度）。

2.3.3 分析の手続き

分析に先立ち，事後調査において実施した情意評価の結果について，予備尺度18項目に対する因子分析を行い，下位尺度を再編した。また，事前調査の結果より，群間のプログラム作成能力に差異がないこと，つまり，群間の等質性を確認した。

分析では，再編した情意評価尺度と問題解決過程尺度を用いて，①問題解決過程各因子の群間の差異，②情意評価の群間の差異，③問題解決過程と情意評価との関連性における群間の差異をそれぞれ検討した。また，質問紙による調査結果とともに，ワークシートに記述された生徒の感想文等も質的な事例として抽出した。

3. 結果と考察

3.1 分析の準備

3.1.1 情意評価の因子分析

分析の準備として，まず，情意評価について予備尺度18項目を用いて因子分析を行った。因子の抽出には主因子法を用いた。因子数は，固有値1以上

の基準を設け,さらに因子の解釈の可能性を考慮して4因子とした。バリマックス回転を行った結果の因子パターンを表9-1に示す。

ここで,第1因子は,「VBを使用してのプログラムの作り方が理解できた」,「IF～THENの分岐処理について理解することができた」,「変数の使い方が理解できた」という項目の因子負荷量が大きい。これらは,生徒自身が学習内容を理解したと認識している様相と解釈できる。つまり,生徒が知識を習得したという認識をもった姿と解釈できる。そこで,第1因子を「知

表9-1 因子分析の結果

番号	質問項目	因子1	因子2	因子3	因子4
11	VBを使用してのプログラムの作り方が理解できた。	**0.79**	0.12	0.23	0.21
2	IF～THENの分岐処理について理解することができた。	**0.73**	0.12	0.29	0.16
15	変数の使い方が理解できた。	**0.60**	0.30	0.29	0.14
6	オリジナルスロットゲームづくりの授業を通して,プログラムがどういうものか理解できた。	**0.58**	0.28	0.22	0.00
18	オリジナルスロットゲームづくりの学習は易しかった。	**0.54**	0.24	0.03	0.04
12	プログラムについてもう少し詳しく学習したいと思った。	0.19	**0.82**	0.12	0.09
3	プログラムについてもう少し長く勉強したいと思った。	0.16	**0.68**	0.15	0.08
9	VBが家にあれば,さらに深めて学習したいと思う。	0.29	**0.59**	0.25	0.13
5	ゲームの機能など工夫する内容を,たくさん増やしたいと思った。	0.29	**0.53**	0.29	0.10
13	オリジナルスロットゲームづくりの学習は楽しく学習できた。	0.27	0.23	**0.68**	0.14
1	授業中,「おもしろいな」と感じることがあった。	0.22	0.25	**0.56**	0.08
8	オリジナルスロットゲームづくりの学習へ意欲的に取り組めた。	0.27	0.16	**0.54**	0.34
16	この学習を通して,自分もやればできるという気持ちになれた。	0.33	0.23	**0.41**	0.07
7	授業中,もう少し集中して取り組めば良かった。	−0.22	0.04	0.00	**−0.63**
4	授業中,がんばって取り組もうとしていた。	−0.01	0.11	0.35	**0.58**
14	授業中,友だちと余分な話をすることがあった。	0.04	−0.10	0.10	**−0.58**
10	授業中,先生の説明をよく聞くことができた。	0.16	0.12	0.20	**0.46**
17	授業中,何もせず時間が過ぎてしまうことがあった。	−0.08	−0.04	−0.27	**−0.46**
	因子寄与率	15.52%	12.70%	10.64%	9.63%

識の習得感」と命名した。

　第2因子は,「プログラムについてもう少し詳しく学習したいと思った」,「プログラムについてもう少し長く勉強したいと思った」,「VBが家にあれば,さらに深めて学習したいと思う」という項目の因子負荷量が大きい。これらは,プログラムの学習に関心をもち,さらに学習を継続したいという欲求をもった姿であると解釈することができる。そこで,第2因子を「継続への欲求」と命名した。

　第3因子は,「オリジナルスロットゲームづくりの学習は楽しく学習できた」,「授業中,『おもしろいな』と感じることがあった」,「オリジナルスロットゲームづくりの学習へ意欲的に取り組めた」という項目の因子負荷量が大きい。これらは,生徒が学習に対して興味をもって取り組み,学習内容に対して楽しかった,おもしろかったという充実感を得た姿と解釈することができる。そこで,第3因子を「充実感」と命名した。

　第4因子は,「授業中,もう少し集中して取り組めば良かった」（逆転項目）,「授業中,がんばって取り組もうとしていた」,「授業中,友だちと余分な話をすることがあった」（逆転項目）という項目の因子負荷量が大きい。これらは,生徒の課題に対する取り組み状況の集中度の様相と解釈することができる。そこで,第4因子を「課題への集中度」と命名した。以下の分析では,情意評価を,因子1「知識の習得感」,因子2「継続への欲求」,因子3「充実感」,因子4「課題への集中度」という四つの下位尺度に再編して検討することにする。なお,ここでは,4因子をまとめて「情意的評価因子」と表記する。

3.1.2　群間の等質性の確認

　次に,群間のプログラム作成能力に差異がないことを確かめるために,事前調査時の作成能力点を比較した。表9-2は,対照群,実験群における,事前調査時の作成能力点の平均と標準偏差を示したものである。Leveneの検定を実施したところ,等分散が仮定された。分散分析の結果,条件の要因は

表9-2 各群における作成能力点の平均と標準偏差

群	N	Mean	SD
対照群	102	14.20	3.94
実験群	106	14.34	4.27
$F_{(1,206)}$		.06	n.s.

有意ではなかった ($F_{(1,206)} = .06$ n.s.)。このことから,両群の事前調査における作成能力点に有意な差はないことが確認された。

3.2 学習指導における学習支援システムの効果

3.2.1 問題解決過程における学習支援システムの効果

表9-3は,事後調査時の対照群,実験群における,問題解決過程因子の下位尺度得点の平均と標準偏差を示したものである。

Leveneの検定を実施したところ,等分散が仮定された。分散分析の結果,因子Ⅰ「オブジェクト機能化」,因子Ⅱ「エラー修正」,因子Ⅲ「論理エラー探索」については,条件の要因が有意であった。一方,因子Ⅳ「構文エラー探索」,因子Ⅴ「動作チェック」,因子Ⅵ「知識要求」については,有意とな

表9-3 各群における問題解決過程因子の下位尺度得点の平均と標準偏差

群	N	因子Ⅰ オブジェクト機能化 Mean	SD	因子Ⅱ エラー修正 Mean	SD	因子Ⅲ 論理エラー探索 Mean	SD
対照群	102	23.18	5.22	9.65	2.17	11.03	2.91
実験群	106	24.57	4.49	10.28	1.81	11.97	2.38
$F_{(1,206)}$		4.25*		5.26*		6.57*	

群	N	因子Ⅳ 構文エラー探索 Mean	SD	因子Ⅴ 動作チェック Mean	SD	因子Ⅵ 知識要求 Mean	SD
対照群	102	6.78	1.51	6.25	1.59	5.95	1.69
実験群	106	6.80	1.24	6.49	1.62	6.03	1.55
$F_{(1,206)}$		0.01n.s.		1.21n.s.		0.12n.s.	

*$p<.05$

らなかった。

このことから，開発した学習支援システムは，オブジェクトのレイアウトやプロパティの設定，コーディング等のトップダウン的な機能構成のプロセスとともに，論理エラーの探索とその具体的な修正というボトムアップ的なトラブルシューティングのプロセスの両者を促す効果のあることが示唆された。

3.2.2 情意評価における学習支援システムの効果

表9-4は，対照群，実験群における情意的評価因子の下位尺度得点の平均と標準偏差を示したものである。Leveneの検定を実施したところ，等分散が仮定され，分散分析の結果，因子1「知識の習得感」，因子2「継続への欲求」，因子3「充実感」については，条件の要因が有意であった。一方，因子4「課題への集中度」については，有意とならなかった。

このことから，開発した学習支援システムは，生徒の知識の習得感，学習継続への意欲喚起，学習の充実感を高める効果のあることが示唆された。

3.2.3 問題解決過程と情意評価との関連

次に，対照群，実験群における問題解決過程が，生徒の情意評価にどのような影響を与えているかを明らかにするために，問題解決過程因子の下位尺度得点を予測変数，情意的評価因子の下位尺度得点を，それぞれ目的変数とした重回帰分析を行った（表9-5）。

まず，F1「知識の習得感」では，対照群，実験群ともに因子Ⅰ「オブジ

表9-4 各群における情意的評価因子の下位尺度得点の平均と標準偏差

群	N	因子1 (F1) 知識の習得感 Mean	SD	因子2 (F2) 継続への欲求 Mean	SD	因子3 (F3) 充実感 Mean	SD	因子4 (F4) 課題への集中度 Mean	SD
対照群	102	12.33	3.46	10.93	2.80	12.46	2.40	14.89	2.51
実験群	106	14.02	3.61	12.04	3.22	13.47	2.25	15.18	2.56
$F_{(1,206)}$		11.80**		6.98**		9.86**		0.67n.s.	

**$p<.01$

表 9-5 重回帰分析の結果

問題解決過程因子	因子1 (F1) 知識の習得感 対照群	因子1 (F1) 知識の習得感 実験群	因子2 (F2) 継続への欲求 対照群	因子2 (F2) 継続への欲求 実験群	因子3 (F3) 充実感 対照群	因子3 (F3) 充実感 実験群	因子4 (F4) 課題への集中度 対照群	因子4 (F4) 課題への集中度 実験群
I オブジェクト機能化	0.36**	0.34**	—	—	0.35**	0.40**	0.43**	0.45**
II エラー修正	—	0.26**	—	0.32**	—	0.33**	—	—
III 論理エラー探索	—	—	—	—	—	—	—	—
IV 構文エラー探索	—	—	—	—	—	—	—	—
V 動作チェック	—	—	—	—	—	—	—	—
VI 知識要求	—	−0.28**	—	—	—	—	—	—
重相関係数　R	0.36**	0.61**	—	0.32**	0.35**	0.63**	0.43**	0.45**

$**p<.01$

ェクト機能化」が選択され，標準偏回帰係数は同程度であった（対照群：$\beta=0.36$，実験群：$\beta=0.34$）。また，実験群においては，因子I「オブジェクト機能化」に加え，因子VI「知識要求」（$\beta=-0.28$），因子II「エラー修正」（$\beta=0.26$）が選択された。F2「継続への欲求」については，実験群において，因子II「エラー修正」が選択された（$\beta=0.32$）。一方，対照群においては，選択されなかった。F3「充実感」については，対照群，実験群ともに因子I「オブジェクト機能化」が選択され，標準偏回帰係数は実験群が若干高くなった（対照群：$\beta=0.35$，実験群：$\beta=0.40$）。また，実験群においては，因子I「オブジェクト機能化」に加え，因子II「エラー修正」（$\beta=0.33$）が選択された。一方，F4「課題への集中度」については，対照群，実験群ともに因子I「オブジェクト機能化」のみが選択され，標準偏回帰係数は同程度であった（対照群：$\beta=0.43$，実験群：$\beta=0.45$）。

これらの結果から，次の2点が指摘できる。第一に，F1「知識の習得感」，F2「継続への欲求」，F3「充実感」において，実験群のみに有意な因子II「エラー修正」が選択されたことから，学習支援システムがエラー修正のプロセスに活用され，このことが，生徒の知識の習得感，学習をさらに継続し

たいという欲求，学習に対する充実感向上に寄与したものと考えられる．なお，トラブルシューティングに関連して，表9-3において条件の要因が有意であった因子Ⅲ「論理エラー探索」と，F1「知識の習得感」，F2「継続への欲求」，F3「充実感」との関連性が示されなかった．これは，生徒にとって論理エラーを探索する際に，2種類のオンライン教材が役立ったことを示す一方，論理エラーの探索のみでは情意面への影響が期待できないことを示している．言い換えれば，論理エラーの探索から具体的な修正に至って，初めて情意面へ影響を与えられるのではないかと考えられる．

第二に，実験群におけるF1「知識の習得感」に，因子Ⅵ「知識要求」（$\beta = -0.28$）の負の影響力が認められたことから，知識の不足によるエラーの生起と，知識を得ようとする参照行動が少ない生徒ほど，知識の習得感が高まることが示唆された．これは，生徒が学習支援システムを使用できる環境にありながら，それに過度に頼ることなく自力で問題を解決できた場合に，生徒自身が「学習内容をよく理解できた」と実感するのではないかと考えられる．

3.3 学習支援システムに対する生徒の感想
3.3.1 知識参照を支援する学習支援システムへの感想

表9-6は，知識参照を支援する学習支援システムを活用した生徒の感想を事例として示したものである．

Ⅰ生とS生は，「トラブルシューティング」のページを参照し，それぞれの問題点を解決した生徒である．また，T生は，授業で共通に扱わなかったオプションボタンについて，学習支援システムを活用して調査し，自分のプログラムに組み込んでいる．

これらの感想はいずれも，「やり方がわからない」という問題状況の中で，生徒が本システムを活用し，自力で適切に問題を解決し得たことを示している．

表 9-6　知識参照を支援する学習支援システムへの感想例

～I生～
　絵柄の切り替えを三つとも終わらせることができた。途中で画像の番号を間違えてしまい，少し失敗してしまったところもあったけれど，困った時のVB辞典の方を見ながら，一人でやることができてよかった。

～S生～
　得点が入るプログラムでマイナスやプラスを使うことはできたけれど，累積することができませんでした。VB辞典の「得点やゲームの回数がカウントアップされない。…」の項目を見たら，変数の宣言が抜けていることに気づき，今日の目標を達成することができました。

～T生～
　今日は，タイマーのスピードのレベル設定をしました。VB辞典「オプションボタンはどのように使えばいいの！」を使って，調べてプログラムコードを入力し，3段階のスピードレベルの設定ができました。これまで，知らなかったオプションボタンの使い方を新たにマスターできてよかったです。

写真 9-1　友を検索する　　　写真 9-2　友からアドバイスを得る

3.3.2　互恵的な相互作用を促す学習支援システムへの感想

　表 9-7 は，互恵的な相互作用を促す学習支援システムを活用した生徒の感想を事例として示したものである。

　N生は「ハートの絵柄が三つそろうとコメントを表示する」，W生は「3段階にスピードが変わる」という課題に取り組んだ。しかし，自分の力では解決することができず，本システムを活用した。そして，それぞれ，K生とA生からアドバイスを得て，各自の問題を解決していった。

表 9-7　互恵的な相互作用を促す学習支援システムへの感想例

〜N生〜
　今日は，ハートの絵柄が三つそろうとコメントを表示するというプログラムを作りました。自分で考えて，試したけれどうまくいかなかったので，検索システムを活用してK君にアドバイスをもらいました。このアドバイスを基に解決することができました。

〜W生〜
　今日は「3段階にスピードが変わる」ということをやりました。最初は自分でできると思っていたけれど，やっているうちにわからなくなって，検索システムを使いました。Aさんができていたので，相談に行きアドバイスをもらって考えたら，解決することができました。

表 9-8　試行的実践後の生徒の感想例

〜M生〜
　はじめは，こんなの自分でできるのだろうかと思いました。でも，基本からしっかり一つ一つ学んでいけば，自分でもこのようなゲームを作ることができるということがわかりました。普段使っているようなソフトが自分でつくれてしまうなんてすごい！感動!!

〜O生〜
　複雑そうなプログラムでも，一つ一つの命令の積み重ねでできていることを実感しました。普段使っているソフトもこのような膨大なプログラムコードの集まりであることが理解でき，「ソフトの値段」の意味がわかりました。苦労したけれど，自分なりのオリジナルスロットゲームができてよかったです。

〜F生〜
　プログラムがコンピュータを動かすのに重要な役割であることがわかりました。たった一文字でも違っていると，自分の考えたように動かないところは大変だったけれど，ゲームができるにつれ，もっといろんな機能を追加したいと夢中になりました。また，'バグ' ということばをよく使っているけれど，どういうことなのかわかりました。

　これらの感想はいずれも，より難易度の高い課題に挑戦する際，本教材が，生徒間の相互作用を促し，お互いにアドバイスしあうことで問題を解決し得たことを示している。

3.3.3　題材に対する生徒の感想

　学習支援システムを使用した実験群の生徒が，本題材「オリジナルスロットゲームづくり」の学習全体を振り返った感想を表9-8に示す。

M・O・Fの各生徒の感想からは，本題材の難易度が決して低くはなかったものの，学習内容に対する理解を一つずつ積み上げていくことで，課題を達成し，成就感や達成感を得るに至った様相が推察される．これは，題材の難易度が高くとも，適切に生徒の問題解決を支援しうる教材を準備し，適時に提供することにより，生徒に課題を着実に乗り越えさせることの重要性を示唆するものと考えられる．

4. まとめ

　以上，本章では，中学生を対象に，イベントドリブン型の言語を活用したプログラミングの学習指導において，①知識参照を支援する学習支援システム，②生徒の互恵的な相互作用を促す学習支援システムを同時に導入し，その効果を検討した．その結果，以下の点が明らかとなった．

1) 開発した2種類の学習支援システムには，オブジェクトのレイアウトやプロパティの設定，コーディング等のトップダウン的な機能構成のプロセスとともに，論理エラーの探索とその具体的な修正というボトムアップ的なトラブルシューティングのプロセスの両者を促す効果のあることが示唆された．

2) 開発した2種類の学習支援システムには，特にエラー修正のプロセスに活用され，このことが，生徒の知識の習得感，学習継続への意欲喚起，学習の充実感等の情意を高める効果のあることが示唆された．

　これらの結果は，イベントドリブン型の言語を活用したプログラミングにおける問題解決過程の構造，及び知識構造と問題解決過程との関連を分析した結果に基づき開発した学習支援システムの効果であり，第3章から第8章で得られた知見が教育実践に寄与しうるものであることが示された．

第10章
結論及び今後の課題

1. 本研究で得られた知見及び結論

　第1章で述べたとおり，本研究の目的は，中学生を対象とし，GUIをベースとしたイベントドリブン型の言語を活用したプログラミングにおいて，問題解決過程の分析及び知識構造，プログラム作成能力との因果関係を明らかにした上で，生徒の学習を支援するシステム開発を行い，授業実践を通して，その効果を検証することであった。この目的に対し，第3章から第9章において，イベントドリブン型の言語を活用したプログラミングにおける問題解決過程の分析，生徒の知識構造がプログラム作成能力及び問題解決過程に及ぼす影響を検討した上で，生徒の問題解決を支援するシステムの開発，試行的な学習指導の実践，開発システムの効果について検証した。以下，各章で得られた知見及び結論を整理する。

1.1　イベントドリブン型の言語を活用したプログラミングにおける問題解決過程の構造

　第3章と第4章では，イベントドリブン型の言語を活用したプログラミングにおける問題解決過程の特徴及び構造を把握した。
　第3章では，イベントドリブン型の言語を活用したプログラミングにおける問題解決過程の特徴を把握するために，プロトコル分析を行い，2系列のカテゴリ設定からクロス集計を経て，21項目の「イベントドリブン型の言語を活用したプログラミングにおける問題解決過程を記述するカテゴリ」を抽出した。また，プログラムの作成作業の時系列的展開を検討したところ，オブジェクトを機能化する過程において，①フォームの作成とコーディングの

組み合わせによって作業課題が形成されていること，②作業課題の設定には，課題分割方略の異なる三つのタイプがあること，の2点を見いだした。

　第4章ではさらに，21項目の「イベントドリブン型の言語を活用したプログラミングにおける問題解決過程を記述するカテゴリ」に基づき，測定尺度を設定した。そして，イベントドリブン型の言語を活用したプログラミングにおける問題解決過程を構成する因子として，「オブジェクト機能化」「エラー修正」「論理エラー探索」「構文エラー探索」「動作チェック」「知識要求」の6因子を抽出するとともに，プログラム作成能力との有意な関連性を確認した。また，抽出された因子と先行研究との比較から，イベントドリブン型の言語を活用したプログラミングは，従来のBASICのプログラミングに比べて，①問題の表象と具体的なコーディングの過程がオブジェクトの作成を介して統合的に展開されること，②作成したプログラムに対する点検・評価の視点別に，段階的なトラブルシューティングを展開しやすいこと，③開発環境のアプリケーション操作に関連する知識がより求められること，などの特徴を有することが明らかとなった。

1.2　イベントドリブン型の言語を活用したプログラミングにおける知識構造とプログラム作成能力及び問題解決過程との因果関係

　第5章と第6章では，生徒に形成される知識構造に着目し，プログラム作成能力及び問題解決過程との因果関係を検討した。

　第5章では，知識構造と問題解決過程との関連性を先行研究から指摘し，プロセスとしての問題解決過程，プロダクトとしてのプログラム作成能力に対する知識構造の影響について，検討する必要性について述べた。そして，イベントドリブン型の言語を活用したプログラミングにおける知識構造について，「コントロール活用」，「制御構造」，「演算・式」という三つの知識クラスタを具体的に設定し，プログラム作成能力に及ぼす影響について，パス解析を用いて検討した。その結果，プログラム作成能力に対する「制御構

造」,「演算・式」の知識クラスタの影響力が認められ,「コントロール活用」の影響力は認められなかったことから,制御構造や演算・式に関わる知識構造の構築が重要であり,この点においては,従来の学習指導の方法を踏襲しても問題のないことが明らかとなった。

　第6章ではさらに,「コントロール活用」,「制御構造」,「演算・式」という三つの知識クラスタが,問題解決過程の6因子に及ぼす影響について,共分散構造分析を用いて検討した。その結果,①知識構造の形成度は,プログラミングの処理手続きにおけるプランニング,プランの実現,動作チェック,エラー修正のプロセス(PDCA)に影響を与えている一方,論理エラーや構文エラー探索のプロセスに対する影響は認められなかった。②「制御構造」「コントロール活用」の知識構造が,問題解決過程に影響を及ぼし,その影響度は,「制御構造」>「コントロール活用」であった。このことから,学習指導の場面においては,生徒に制御構造の知識を十分に習得させることが重要であるとともに,「コントロール活用」は,適切な題材展開を設定した上で,操作を通して習得させていくことが有効であることを指摘した。③動作チェックとエラー修正のプロセスが,知識構造の影響を相対的に強く受けていることから,生徒のトラブルシューティングの場面を通して,関連する知識を確認できるような支援が,学習指導において重要であることを指摘した。

　また,第5章及び第6章の両章において,生徒の知識構造の上・中・下位群の生徒間に,プログラム作成能力及び問題解決過程に有意な差が認められたことから,生徒間の相互作用を促す指導方略の工夫が必要であることを指摘した。

1.3　イベントドリブン型の言語を活用したプログラミングにおける学習支援システムの開発

　第7章と第8章では,第3章から第6章までに得られた基礎的知見に基づ

き，イベントドリブン型の言語を活用したプログラミングにおける生徒の問題解決を支援するシステムの開発を行った。

　第7章では，制御構造や演算・式に関わる知識構造の構築やトラブルシューティングの場面において，関連する知識を生徒が確認できるようなWebコンテンツを開発し，サーバにおいて，生徒の参照状況を記録できるシステムを構築，運用した。本システムを利用した生徒へのアンケート調査の結果から，Webコンテンツの有効性を高く評価している生徒ほど，オブジェクトの機能化や動作チェック，エラーの修正等の問題解決を適切に遂行していたことが明らかとなり，Webコンテンツの活用が，これらの問題解決過程の支援に有効であったのではないかと指摘した。また，Webコンテンツの参照延べ回数が平均的であったA生の事例検討から，開発したWebコンテンツが，VBを環境とした題材「オリジナルスロットゲームづくり」において，問題解決を適切に支援しうる効果的な教材として機能したことを確認した。

　第8章ではさらに，生徒間の相互作用を促す学習支援システムを開発した。システム使用群と非使用群間とにおいて，スロットゲームの作品に対する工夫・創造項目数を指標とした作品の質について比較した。その結果，両者に有意な差が認められた。また，システムの使用状況について，VTRによる記録映像を分析した結果，開発したシステムが，生徒間相互作用を促しうるシステムであることを確認した。その上で，生徒のアンケートからは，①本システムが，相互作用の対象者を検索するという利用方法の他に，学習のペースメーカーとしての役割をもっていたことが明らかとなったこと，②工夫・創造下位群の生徒は，上位群の生徒と比較して，あらかじめ用意された資料だけでなく，新たな知識を構成する際に，本システムを活用している可能性があること，を指摘した。

1.4 イベントドリブン型の言語を活用したプログラミングにおける生徒の問題解決を促す学習指導の試行的実践

第9章では，第7章と第8章において開発した2種類の学習支援システムを，第2章で示した題材展開へ同時に導入した学習指導を試行的に実践し，これらのシステムが題材展開の中で，生徒の問題解決過程を適切に支援し得たかどうかを検証した。また，学びの主体は生徒であるという立場から，これら開発した2種類の学習支援システムが，生徒の学習に対する情意面に，どのような影響を及ぼしうるかについても検討した。

その結果，開発した2種類の学習支援システムには，オブジェクトのレイアウトやプロパティの設定，コーディング等のトップダウン的な機能構成のプロセスとともに，論理エラーの探索とその具体的な修正というボトムアップ的なトラブルシューティングのプロセスの両者を促す効果のあることが示唆された。また，これらの学習支援システムは，特にエラー修正のプロセスに活用され，このことが，生徒の知識の習得感，学習継続への意欲喚起，学習の充実感等の情意を高める効果のあることが示唆された。

これらの結果は，イベントドリブン型の言語を活用したプログラミングにおける問題解決過程の構造，及び知識構造と問題解決過程との関連を分析した結果に基づき開発した，学習支援システムの効果であり，第3章から第8章で得られた知見が，教育実践に寄与しうるものであることが示された。

1.5 結　論

以上，得られた各章の結果から，「プログラミング初学者である中学生を対象としたイベントドリブン型の言語を活用したプログラミングの学習指導では，個々の学習者の認知における知識の個人内構成，及び学習者間の相互作用による知識の共構成を図る二つの学習支援システムを適時的に用いた支援が，生徒の問題解決及びプロダクトの質を高める上で有効であると同時に，知識の習得感，学習継続への意欲喚起，学習の充実感等，学習の情意的側面

を高める効果がある」ことを本研究の結論とする。

2. 本研究で得られた知見に基づく教育実践への示唆

　本研究で得られた知見及び結論を基に，教育実践へ与えうる示唆として，①情報技術教育における題材設定の重要性について，②生徒の学習を支援する二つのシステムの関連性について考察する。

2.1 情報技術教育における題材設定の重要性について

　本研究で得られた知見及び結論に基づく教育実践に対する第一の示唆は，プログラミングの学習指導における題材設定の重要性である。

　村尾らは，C++，VB，従来のBASICの三つの言語について，中学生を対象として比較を行い，学習の理解度，学習効率，学習意欲について調査した結果，C++が最適であると判断している[149]。この研究は，言語の特性を基にして，学習素材としての価値を見いだそうとしている点に意味がある。一方，技術科の授業は，中学生という発達段階を踏まえて，一つのプロダクトを作りあげながら学習を進めていくプロジェクト法で行われる場合が多い。このため，特に教育実践においては，「言語」という学習素材の特性と合わせて，生徒が学ぶ上でのプラットホームともいうべき「題材の設定」が特に重要な意味をもつ。一般的なプログラミングの学習指導の場合，学習者が取り組むプログラムの課題は，特定のアルゴリズムを習得するための演習課題として位置づけられるケースが少なくなかった。このスタイルの学習は，学習者がプログラムを学ぶ必要感をもち得ないという問題があった。このように，技術科の学習においては「題材の設定」が大変重要であるとの認識から，第3章から述べる研究の具体の前に，第2章において「題材の設定」についてある程度詳しく述べた。

　また，平成10（1998）年告示の学習指導要領では，情報の科学的な理解を促進するはずの技術科でさえ，情報リテラシーの育成に力点がおかれ，その

内容は情報活用の実践力を育成する題材を展開する実践が多くなり，その結果として，プログラミングなどブラックボックスとなっている技術のしくみを取り上げることが少なくなっていた（特に，同学習指導要領では，プログラミングは「B情報とコンピュータ」(6)という選択的に取り上げる内容に位置づけられていた）。しかし，学習者に学ぶ必要感をもたせた上で，問題解決の経験を積み上げさせながら，その技術のしくみを学ばせ，体験を通して，それらの技術が生活や社会をどのように支えているかを認識させていくことは，技術科独自の極めて重要な役割といえる。

本研究では，生徒がプログラミングを学ぶ意味づけをしやすいこと，製品版のソフトウェアと同じようなインターフェースをもち，同じような感覚で操作することができるソフトウェアを作成でき，生徒が自己効力感を抱きやすいことから，イベントドリブン型の言語を活用したプログラミング環境，中でも初学者が学びやすいVBを活用した。その上で，生徒にとって身近であるゲームを素材として選定し，基礎的学習と応用的学習という発展的順次性を踏まえた構成となる題材設定をした。その結果，本題材には，以下のような特徴が認められた。

第一に，生徒が関連する技術を学びながら，本格的なプロダクトを完成させ，自己の体験とのアナロジーを用いて社会認識をもつとともに，プロダクトの向こう側で，工夫を重ねるエンジニアの苦労や仕事ぶりに思いをはせるなど，技術リテラシーの醸成を図りやすかったことである。このことは，第9章で示した生徒の感想「複雑そうなプログラムでも，一つ一つの命令の積み重ねでできていることを実感しました。普段使っているソフトもこのような膨大なプログラムコードの集まりであることが理解でき，『ソフトの値段』の意味がわかりました。」が，如実に物語っている。

第二に，プロダクトの完成という具体的な目標に向け，現実とのずれから生じる技術的な問題を解決する場面を設定しやすかったことである。生徒は，この技術的な問題に対して，自らのもっている知識・技能等を活用し，解決

することを通して，問題を解決する力，思考する力，工夫・創造する力を高めていった。第9章で示した生徒の感想「はじめは，こんなの自分でできるのだろうかと思いました。でも，基本からしっかり一つ一つ学んでいけば，自分でもこのようなゲームを作ることができるということがわかりました。普段使っているようなソフトが自分でつくれてしまうなんてすごい！感動‼」が，その典型的な反応として見ることができる。

これらの生徒の反応からは，今後のプログラミング教育において，学びの中心的なプラットホームとなる題材を，生徒の実態に応じて適切に設定することの重要性が指摘できる。さらに，プログラミングの基礎・基本を身につけられる内容という視点に加え，本研究において設定した題材の特徴，①プロダクトのリアルさ，②自己の体験からのアナロジーによる技術や技術者に対する認識の深化，③習得から自律，模倣から工夫・創造へと向かう問題解決の展開，という視点を基に，題材設定の方略を体系化することが重要と思われる。

2.2 生徒の学習を支援する二つのシステムの関連性について

本研究で得られた知見及び結論に基づく教育実践に対する第二の示唆は，二つの学習支援システムの有機的な連携である。

高久は，「成就の喜び」と学習や活動の「むずかしさ」について触れ，Herbartの「成就の喜びは，難しさに取り組む『倍加された努力』を通してこそ味わえる。むずかしさを克服しようとする努力のないところには成就の喜びもない。」という考え方を肯定し，人為的に，ことさら学習内容の難易度をやさしくすることへの警鐘を鳴らしている。また，同時に，高久は，難しさを克服した成就感の喜びと個人差への配慮についても触れており，個人差への適切な教育的配慮が当然必要であることを述べている[150]。

本研究において設定した題材の難易度は，決して低くはなかったものの，プログラミングの基礎を積み上げ，問題を一つずつ解決していくことで，自

分の願うスロットゲームを完成させ，成就感や達成感を得るに至った生徒の様子を第9章において示した。このような姿に至った大きな要因として，生徒の学習を支援するシステムを開発して適時に提供したことがあげられる。

　本研究では，生徒の問題解決の質的向上を支援するために，イベントドリブン型の言語を活用したプログラミングにおける問題解決過程の分析に基づいて，性格の異なる2種類の学習支援システムを開発した。第7章では，生徒の知識構造を支えるためのWebコンテンツを作成し，サーバと組み合わせて，参照状況を把握できるシステムを構成し，その効果を検証した。第8章では，生徒間の相互作用を促す学習支援システムを開発し，その効果を検証した。そして，第9章では，これら二つの学習支援システムを題材展開中において同時に導入して，試行的実践を行い，生徒の問題解決に対する学習支援システムの効果を見定めた。

　これらの研究成果から，問題解決の質的な向上を支援するためには，個々の学習者の認知における知識の個人内構成と，学習者間の相互作用による知識の共構成の輻輳（ふくそう）的な展開が重要であることが示唆された。これまで，認知心理学においては，これらが対峙的なものではないものの，異なる潮流として扱われてきた経緯がある。しかし，教育実践では，この両面からの支援，言い換えれば，二つのアプローチによる連携が極めて重要であると考えられる。仮に，個々の学習者の認知における知識の個人内構成がなされないまま，学習者間の相互作用を促したとしても，互いに新たな問題解決への見通しを得ることはできず，堂々巡りの授業に陥ってしまう可能性がある。一方，学習者間の相互作用による知識の共構成がなされなければ，学習者間の最近接発達領域が刺激されず，個々の問題解決能力の発達可能性を生かしきれない危険性がある。このことは，単に二つの学習支援システムを用意して，別々に学習者に与えればよいのではなく，題材展開において，生徒の学習状況に応じて，二つのタイプの学習支援を適時的に連携させて提供することの重要性を意味している。その意味で，今後のプログラミング教育

においては，題材展開の中で，学習状況を把握し，学習支援システムをマッチングさせる「場」を適時的に設定していくことが，生徒の問題解決能力の発達可能性を拡充していく上で，重要なポイントになるものと思われる。

3. まとめと今後の課題

　技術科におけるプログラミング学習は，従来，技術的な問題解決能力の育成を図る典型的な学習として，平成元（1989）年告示の学習指導要領における「情報基礎」では，数多くの実践研究が行われていた。しかしながら，ICTを取り巻く環境が急速に進展するとともに，日常生活におけるプログラミングの技能習得に対する必要感がなくなったこと，Windows上におけるプログラミングの敷居が高くなったこと，平成10（1998）年告示の学習指導要領においては，プログラミングに関する内容が選択的に位置づけられたことなどの諸要因によって，プログラミング学習の実践は少なくなっていった。

　しかし，近年，ソフトウェアの活用等に関する学習については，小学校へ移行したり，総合的な学習時間や他教科での活用などが進んだりして，技術科では，選択的に扱うとされているディジタル作品の設計・制作，計測・制御とプログラミングなど，情報の科学的な理解に関する内容が再び，重要視されてきている。実際，平成20（2008）年告示の学習指導要領では，これまで選択的な扱いであったプログラミングについて，内容D「情報に関する技術」(3)「プログラムによる計測・制御」として必修化された。このような状況下において，本研究では，これまで中学生のプログラミング学習では先行研究があまりなされてこなかった，イベントドリブン型の言語を活用したプログラミングによるアプローチを取り上げ，生徒の問題解決過程を分析し，学習指導における有益な知見を得てきた。

　また，学習支援システムの開発にあたっては，プログラミング学習で重要となる問題解決にスポットを当て，イベントドリブン型の言語を活用したプ

ログラミングにおける問題解決過程の分析及び問題解決過程，プログラム作成能力，知識構造の三者との関連を明らかにして得た知見と，共同性・状況性を重視した最近の学習理論とネットワークテクノロジーの発展がその背景にある CSCL への位置づけを意識して行った。これは，単に教材を経験・感覚的に開発したのではなく，学習理論をバックボーンとしつつ，生徒の学習を認知心理学的な視点で分析し，開発，評価，試行的実践という一連の手続きによって行ったものである。もちろん，様々な経験を積み重ね，感覚を研ぎ澄ませることは実践者たる「教師の職能」として極めて重要である。その上で，本書で述べた一連の手続き，言い換えれば Plan-Do-Check-Action に学術的方法を織り交ぜながら多面的・多角的に評価して，次への改善に道筋をつけていくという研究の方法についても，今後の教育実践に役立つのではないかと考えている。

　今後は，題材「オリジナルスロットゲーム」以外の題材開発を行い，異なる題材間における問題解決過程と知識構造との関連を明らかにすることや，開発した学習支援システムの改善，利用範囲の拡大を図るようにしていくことが必要であると考えている。また，技術科における様々な教材について，本研究手法による分析と開発を進め，学校現場における経験・感覚的な実践方法を理論的に再構築し，その成果を多くの教師に伝えられる形で残していくことが，重要であると思われる。

　今後も，学校現場をフィールドとして研究を継続し，これらの研究課題について解決を図っていきたいと考えている。

参 考 文 献

1) 文部科学省：中学校学習指導要領解説　技術・家庭科編，教育図書（2008）
2) 文部科学省：教育の情報化に関する手引き，開隆堂出版，pp. 72-116（2011）
3) 情報処理学会：大学等における一般情報処理教育の在り方に関する調査研究，情報処理学会（1993）
4) 森山潤：プログラム作成における思考過程の構造分析，風間書房（2003）
5) 首相官邸：世界最先端IT国家創造宣言（平成26年6月24日閣議決定），http://www.kantei.go.jp/jp/singi/it2/kettei/pdf/20140624/siryou1.pdf（最終アクセス2015.6）
6) 松林弘治：子どもを億万長者にしたければプログラミングの基礎を教えなさい，KADOKAWA，pp. 10-13（2015）
7) 清水亮：教養としてのプログラミング講座，中央公論新社，pp. 23-24（2014）
8) 梅棹忠夫：知的生産の技術，岩波書店，p. 15（1969）
9) 前掲6），pp. 20-22
10) Computer Science Teachers Association: K-12 Computer Science Standards, http://csta.acm.org/Curriculum/sub/CurrFiles/CSTA_K-12_CSS.pdf（最終アクセス2015.6）
11) S. Papert（著），奥村貴世子（訳）：マインドストーム～子ども，コンピュータ，そして強力なアイディア～，未來社，pp. 9-25（1982）
12) 本田成親：LOGOと学習思考，JICC出版局，pp. 12-18（1992）
13) 松田稔樹，坂元昂：Logoを利用した小学校高学年における情報教育カリキュラムの開発とその評価，日本教育工学雑誌，第15巻，第1号，pp. 1-13（1991）
14) 杉野裕子：数学教育におけるプログラミングの利用―"学校図形Logo"を通して―，教育情報研究，Vol. 5, No. 1, pp. 79-88（1989）
15) LifeLong Kindergarten: https://llk.media.mit.edu/（最終アクセス2015.6）
16) https://scratch.mit.edu/（最終アクセス2015.6）
17) http://www.artec-kk.co.jp/（最終アクセス2015.6）
18) 古賀直樹，五百蔵重典：体系的に学ぶコンピュータ言語，日経BPソフトプレス，pp. 14-25（2004）
19) 黒川利明：ソフトウェアの話，岩波書店，pp. 38-74（1992）
20) 文部省：中学校指導書　技術・家庭科編，開隆堂出版（1989）

21) 津止登喜江，浅見匡，河野公子（編著），文部省内教育課程研究会（監修）：中学校新教育課程の解説　技術・家庭，第一法規出版，pp. 90-107（1989）
22) 山口晴久：「情報基礎」実施上の問題点に関する調査研究，日本産業技術教育学会誌，第38巻，第3号，pp. 215-222（1996）
23) 吉本富士市，山本秀彦：技術・家庭科「情報基礎」領域におけるアルゴリズム教育の提案，和歌山大学教育学部教育実践センター紀要，No. 4, pp. 65-72（1994）
24) A. Bork（著），塚本榮一（訳）：21世紀に向けた学校教育とコンピュータ，丸善，pp. 41-45（1991）
25) E.W. Dijkstra（著），野下浩平（訳）：構造化プログラミング論；構造化プログラミング，サイエンス社，pp. 1-30（1972）
26) 鈴木みどり（編）：メディアリテラシーの現在と未来，世界思想社，pp. 2-25（2001）
27) B. Stroustrup（著），株式会社ロングテール／長尾高弘（訳）：プログラミング言語C++ 第3版，アジソン・ウェスレイ（1998）
28) Borland Software Corporation: Borland C++Builder6 開発者ガイド，ボーランド株式会社（2002）
29) 前掲18），pp. 30-32
30) 兼宗進，御手洗理英，中谷多哉子，福井眞吾，久野靖：学校教育用オブジェクト指向言語「ドリトル」の設計と実装，情報処理学会論文誌：プログラミング，pp. 78-90（2001）
31) 兼宗進，中谷多哉子，御手洗理英，福井眞吾，久野靖：初中等教育におけるオブジェクト指向プログラミングの実践と評価，情報処理学会論文誌：プログラミング，pp. 58-71（2003）
32) A. Goldberg, D. Robson: *Smalltalk-80, The Language and Its Implementation*, Addison-Wesley（1983）
33) A. Goldberg, J. Ross: Is the Smalltalk-80 System for Children?, *BYTE*, Vol. 6, No. 8, pp. 348-368（1981）
34) A. Kay, A. Goldberg: Personal Dynamic Media, *IEEE Computer*, Vol. 10, No. 3, pp. 31-41（1977）
35) F. Klassner, S.D. Anderson: LEGO MindStorms: Not Just for k-12 Anymore, Department of Computing Sciences. Villanova University（2001）
36) P. Wallich: MindStorms Not Just Kid's Toy, *IEEE Spectrum*, pp. 52-57, September（2001）

37) 宮崎和光：MindStormsと高等教育，人工知能学会誌，Vol. 21，No. 5，pp. 517-521（2006）
38) 瀬古俊一，山岸真弓，中西健太，伊与田康弘，永井敏裕，服部隆志，荻野達也：ViPPER－ロボットを使用した初等教育向けビジュアルプログラミング－，情報処理学会研究報告，pp. 91-95（2007）
39) 瀬川良明，髙田稔己，田代圭：中学校技術・家庭科におけるプログラミング積木の教材特性，北海道教育大学教育実践総合センター紀要，pp. 175-182（2000）
40) 村松浩幸，岡田雅美，阿久津一史，兼折泰影，鈴木善晴，長谷川元洋：中学校技術・家庭科における制御教材の開発と評価，日本教育工学会誌，第29巻（Suppl.），pp. 177-180（2005）
41) 福島誠，塚本正秋：Windows環境におけるBASIC言語とアプリケーションの利用について，島根大学教育学部紀要（教育科学），第27巻，pp. 1-5（1993）
42) 亀山寛，鷲野富哉：ウィンドウ環境と情報基礎，日本産業技術教育学会誌，第41巻，第2号，pp. 55-62（1999）
43) 宮崎英一：Visual Basic上における簡易型BASIC言語の開発，日本産業技術教育学会誌，第48巻，第1号，pp. 11-17（2006）
44) 三宅なほみ：コンピュータを教える；岩波講座 教育の方法 教育と機械，岩波書店，pp. 120-159（1987）
45) G.M. Weinberg（著），木村泉，角田博保，久野靖，白濱律雄（訳）：プログラミングの心理学，技術評論社，pp. 158-159（1994）
46) 前田恵三，中野靖夫：プログラム作成過程の分析，日本教育工学雑誌，第19巻，第3号，pp. 171-180（1995）
47) 三輪和久，櫻井桂一，岡田稔，岩田晃：初心者のプログラミング行動時系列分析，信学技報，HT93-47，pp. 9-16（1993）
48) 近藤智嗣，中野靖夫：Logoプログラム作成過程の分析，信学技報，HT94-65，pp. 31-36（1994）
49) 前田恵三，中野靖夫：コンピュータ操作過程の再現システム，日本教育工学雑誌，第16巻，第4号，pp. 185-195（1993）
50) 岡本敏雄，安田恭一郎：C言語プログラミングのメンタルモデルの分析～診断言語ITSを用いて～，日本教育工学雑誌，第16巻，第3号，pp. 119-130（1993）
51) 本郷健：プログラム作成プロトコルの記憶装置とその試作，日本産業技術教育学会誌，第36巻，第4号，pp. 305-312（1994）
52) 中野靖夫，前田恵三，和泉嘉則：プログラミングにおける状況認知と処理過程，

信学技報, HT98-75, pp. 21-28 (1998)
53) 前田恵三, 中野靖夫：プログラミング過程の認知面からの考察, 信学技報, HT98-76, pp. 29-36 (1998)
54) 城仁士, 安東茂樹：自己評価能力の構造とその発達, 日本産業技術教育学会誌, 第34巻, 第1号, pp. 7-13 (1992)
55) F. Detienne: *Software design -Cognitive Aspects-*, Springer, London (2002)
56) J. Rouanet, Y. Gateau: *Le travail du prorrammeur de gestion:essai de description*, AFPACERP, Paris (1967)
57) 森山潤, 足立明久, 桐田襄一：初学者のプログラミングにおける思考過程の自覚程度を測定するための尺度項目の作成, 京都教育大学教育実践研究年報, 第12号, pp. 103-119 (1996)
58) 森山潤, 桐田襄一：中学生のプログラミングにおける思考過程の構造解析, 日本産業技術教育学会誌, 第38巻, 第4号, pp. 255-262 (1996)
59) 市川伸一：コンピュータを教育に活かす 「触れ, 慣れ, 親しむ」を超えて, 勁草書房, p. 42-44
60) H. Gorman, L.E. Bourne: Learning to Think by Learning Logo: Rule Learning in third Grade Computer Programmers, *Bulletin of Psychonomic Society*, 21, pp. 165-167 (1983)
61) J. Cathcart: Effect of Logo Instruction on Cognitive Style, *Journal of Education Computing Research*, 6: 2, pp. 231-242 (1990)
62) R.D. Pea: *Logo Programming and Problem solving, Technical Report No12*, Bank Street College of Education, New York (1983)
63) J.D. Williamson, D.W. Ginther: Knowledge Representation and Cognitive Outcomes of Teaching Logo to Children, *Journal of Computing in Childhood Education*, v3, n3-4, pp. 303-322 (1992)
64) 三宅なほみ：教室にマイコンをもちこむ前に, 新曜社, pp. 169-177 (1985)
65) 宮田仁, 大隈紀和, 林徳治：プログラミングの教育方法と問題解決能力育成との関連, 教育情報研究, 第12巻, 第4号, pp. 3-13 (1977)
66) 森山潤, 桐田襄一：「情報基礎」領域における生徒のプログラム設計能力の向上に対する諸要因間の因果関係, 日本産業技術教育学会誌, 第39巻, 第2号, pp. 87-95 (1997)
67) 前掲4）
68) 山本利一, 林俊郎, 小林靖英, 牧野亮哉：中学生が作成したプログラムの分析

による指導法の改善，教育情報研究，第21巻，第1号，pp. 15-26（2005）

69) 林秀明：BASICとLOGOを使用したプログラムの作成指導例；西之園晴夫，村田正男（編著）：中学校これからの情報教育とその指導，東京書籍，pp. 96-110（1990）

70) 須曽野仁志，木谷康司，下村勉：中学校「情報基礎」におけるLogoプログラミングの実践と評価，教育情報研究，第12巻，第4号，pp. 41-49（1997）

71) 篠田功，杵渕信，川島章弘，田中通義，中村昇一：情報教育におけるプログラミングの学習，上越教育大学研究紀要，第10巻，第1号，pp. 321-333（1990）

72) 奥西邦彦，松田純雄，冨山朝司，結城守利：グラフィックによる簡単なプログラム作成を中心とした「情報基礎」の指導，日本産業技術教育学会誌，第35巻，第1号，pp. 39-45（1993）

73) 岡俊博，吉田誠，葉山泰三：「情報基礎」の授業におけるBASICプログラミング教授方法に関する研究，奈良教育大学教育実践研究，p. 10（1991）

74) 本郷健，松崎寛幸：「情報基礎」のプログラミング学習における教材が学習者の情意的側面に与える影響，日本産業技術教育学会誌，第40巻，第2号，pp. 65-69（1998）

75) 文部科学省：中学校学習指導要領（平成10年12月）解説　一部補訂　―技術・家庭科編―，東京書籍（2004）

76) 山本利一，服部昌博，河合勝清，牧野亮哉：Windows環境における制御教材の開発―Visual BASICによるパラレルポートの制御―，教育情報研究，第13巻，第3号，pp. 41-46（1997）

77) 亀山寛，戸塚雅彦：USBインターフェースを備えた制御教材の開発，日本産業技術教育学会誌，第45巻，第3号，pp. 135-141（2003）

78) 亀山寛，内山真路：「情報とコンピュータ」教育におけるオブジェクト再利用プログラミング教育，静岡大学教育学部附属教育実践総合センター紀要，No. 11，pp. 65-80（2005）

79) 森慎之助：ロボット教材を用いた制御・プログラミング学習の授業実践と作業分析，日本産業技術教育学会誌，第47巻，第3号，pp. 201-207（2005）

80) 井戸坂幸男：中学校　技術・家庭科における「プログラミング学習」の実践　～プログラミング言語「ドリトル」を使って～，ICT・education（日本文教出版），33，pp. 22-25（2007）

81) 田代久美，岩本正敏，水谷好成：ロボットを用いた小学校におけるプログラミング教育の研究　―教育用ロボット「梵天丸」「いろは姫」の仙台市における活用

事例から—，信学技報，ET2006-30，pp. 49-52（2006）
82) 山本利一，田賀秀子，新屋智絵，小林靖英：共同学習を取り入れたプログラミング学習の課題の提案　—カーリングゲームを取り入れたプログラミング指導—，教育情報研究，第22巻，第3号，pp. 11-18（2007）
83) 佐藤和浩，紅林秀治，兼宗進：小学校におけるプログラミング教育の現状と課題，情報処理学会研究報告CE，78，9，pp. 57-63（2005）
84) 紅林秀治，兼宗進：制御プログラミング学習の効果について　—小学校の実践から—，情報処理学会研究報告CE，87，1，pp. 1-8（2006）
85) 前掲1），pp. 36-37
86) 石澤祐治，帷子誠，高橋光広，伊藤敏，井上祥史：USB-IOを用いた制御教材，日本産業技術教育学会東北支部研究論文集，Vol. 2，pp. 13-16（2007）
87) 紅林秀治，井上修次，江口啓，鎌田敏之，青木浩幸，兼宗進：自律型3モータ制御用ロボット教材の開発，日本産業技術教育学会誌，第51巻，第1号，pp. 7-16（2009）
88) 宮川洋一，佐藤和史：中学校技術・家庭科「情報に関する技術」におけるArduinoを使用した制御教材の開発と実践，日本産業技術教育学会東北支部研究論文集，Vol. 7，pp. 7-12（2014）
89) 菊地章，鎮革：プログラムによる計測・制御学習のためのGUIプログラミング環境の構築，日本産業技術教育学会誌，第54巻，第2号，pp. 59-67（2012）
90) 嶋田彰良，山菅和良，針谷安男，鈴木道義：自律型ロボット教材を活用したプログラムと計測・制御学習に関する授業方法の開発と評価，日本産業技術教育学会誌，第49巻，第4号，pp. 297-305（2007）
91) 針谷安男，飯塚真弘，山菅和良：プログラムによる計測・制御学習の授業実践とその学習効果の検証，日本産業技術教育学会誌，第52巻，第3号，pp. 205-214（2010）
92) 井戸坂幸男，久野靖，兼宗進：自律型ロボット教材の評価と授業，日本産業技術教育学会誌，第53巻，第1号，pp. 9-16（2011）
93) 萩嶺直孝，宮川洋一，森山潤：中学校技術科「プログラムによる計測・制御」の学習における題材タイプの違いによる生徒の反応の差異，日本産業技術教育学会誌，第55巻，第3号，pp. 181-190（2013）
94) B. Clark, Cathy: Comparing Understanding of Programming Design Concept Using Visual Basic and Traditional Basic, *Journal of Educational Computing Research*, V18, n1, pp. 37-47（1998）

95) 杉江晶子, 森博：Windows 環境における目的別プログラミング教育, 名古屋文理短期大学紀要, 第23号, pp.1-7（1998）
96) 藤井雅章：Visual Basic によるオブジェクト指向プログラミング教育, 北海道女子大学短期大学部研究紀要, 第38号, pp.249-256（2000）
97) 三河佳紀：プログラミング教育の改善に関する研究 ―Visual Basic を導入時に適応する効果―, コンピュータ&エデュケーション, Vol.14, pp.71-78（2003）
98) 森山潤, 三谷亮, 桐田襄一, 樋口裕一：共同学習環境の導入による生徒のプログラム作成能力の向上, 日本産業技術教育学会誌, 第43巻, 第2号, pp.69-77（2001）
99) 柳下孝義, 望月純夫：Visual Basic 教育におけるプログラミング共同作業の分析, オフィス・オートメーション学会, 第37回全国大会予稿集, pp.77-80（1998）
100) 望月達彦：Visual Basic によるプログラミング教育, 名古屋学芸大学短期大学部研究紀要, 第4号, pp.9-17（2007）
101) 岡本敏雄：教育における情報科学 情報化への対応とリテラシーの形成, パーソナルメディア, p.190（1990）
102) 大槻説乎：コンピュータに教育―CAI―；岩波講座 教育の方法 教育と機械, 岩波書店, pp.160-179（1987）
103) A.G. Oettinger: Run Computer Run; *The Mythology of Educational Innovation*, Harvard University Press, Cambridge, MA, p.160（1969）
104) 伊藤紘二：知的学習支援システムの過去・現在そして未来, 人工知能学会誌, 17巻, 4号, pp.444-451（2002）
105) L.S. Vygotsky: *Mind in Society -The Development of Higher Psychological Processes-*, Harvard University Press（1978）
106) K. Tobin（ed）: *The Practice of Constructivism in Science Education*, Lawrence Erlbaum Associates（1993）
107) T. Koschmann: Paradigm shifts and instructional technology: Introduction; T. Koschmann（ed）; *CSCL: Theory and Practice of an Emerging Paradigm*, LEA, NJ. pp.1-24（1996）
108) R.D. Pea: Seeing what we build together: Distributed multimedia learning environments for transformative communication; T. Koschmann（ed）, *CSCL: Theory and Practice of an Emerging Paradigm*, LEA, NJ. pp.171-186（1996）
109) 中原淳, 前迫孝憲, 永岡慶三：CSCL のシステムデザイン課題に関する一検討 認知科学におけるデザイン実験アプローチに向けて, 日本教育工学会誌, 第25巻,

第4号，pp.259-267（2002）
110) 谷川由希子：情報共有技術を用いた学級新聞協同作成支援システム－設計と評価，情報処理学会論文誌，Vol.40，No.11，pp.3967-3976（1999）
111) 川島芳昭，石川賢：グループ学習での教え合いを支援するソフトウェア教材の開発と評価，日本教育工学会誌，第28巻（Suppl.），pp.97-100（2004）
112) 伊藤良二，小西達裕，伊東幸宏：プログラミングの問題領域上での動作説明を行うプログラミング学習支援システムの構築，人工知能学会誌，15巻，2号，pp.362-375（2000）
113) 海尻賢二：ゴール／プランに基づく初心者プログラミングの認識システム，電子情報通信学会論文誌，D-Ⅱ，Vol.J78-D-Ⅱ，No.2，pp.321-332（1995）
114) 森正，角川祐次，阿江忠：プログラムの正しさの理解を目的とした教材作成システム，情報処理学会研究報告 コンピュータと教育，No.061-006，pp.31-38（2001）
115) 知見邦彦，坂庭裕希子，櫨山淳雄，宮寺庸造：失敗知識を利用したプログラミング学習環境の構築，信学技報，ET2004-2，pp.7-12（2004）
116) 畑村洋太郎：失敗学のすすめ，講談社（2000）
117) 西輝之，劉渤江，横田一正：デバッガとの連携によるC言語学習支援システムの提案，信学技報，ET2006-136，pp.173-178（2007）
118) 河田進，宮武明義，矢野米雄：学習者プログラムの振る舞いを利用した誤り解決支援，信学技報，ET2002-95，pp.1-5（2003）
119) 前掲55)
120) J.R. Anderson: KNOWLEDGE COMPILATION: The General Learning Mechanism; R.S. Michalsk, J.G. Carbonell, T.M. Michell (ed): *Machine learning an artificial intelligence approach Vol. Ⅱ*, Morgan Kaufmann, pp.289-310 (1986)
121) 前掲59)，pp.79-83
122) 馬場信雄他（編集）：技術科教育辞典，東京書籍（1983）
123) 海保博之，原田悦子：プロトコル分析入門，新曜社（1993）
124) 前掲54)
125) 前掲57)
126) 前掲58)
127) 箱田裕治，都築誉史，川畑秀明，萩原滋：認知心理学，有斐閣，p.201（2010）
128) 市川伸一：現代心理学入門3 学習と教育の心理学，岩波書店，pp.78-95

(1995)

129) 粟津俊二：問題解決における知識利用 ―レビューと展望―，実践女子大学人間学部紀要，第二集，pp. 193-211（2006）

130) 前掲55），p. 26-28

131) K. VanLehn（著），M.I. Posner（編著），佐伯絆，土屋俊（監訳）：問題解決と認知技能の獲得；「記憶と思考」，産業図書，pp. 137-201（1991）

132) 御領謙，菊池正，江草浩幸：最新認知心理学への招待 心の働きとしくみを探る，サイエンス社，pp. 141-172（1993）

133) 神宮英夫：スキルの認知心理学，川島書店，p. 161-172（1993）

134) E.D. Gagné（著），赤堀侃司，岸学（監訳）：学習指導と認知心理学，パーソナルメディア（1989）

135) 伊藤毅志，安西祐一郎：問題解決の過程；市川伸一（編）：認知心理学4 思考，東京大学出版会，pp. 107-131（1996）

136) M.L. Gick, K.J. Holyoak: Analogical Problem Solving, *Cognitive Psychology*, 12, pp. 306-355（1980）

137) R.J. Shavelson, G.C. Stanton: Construct Validation; Methodology and Application to Three Measures of Cognitive Structure, *Journal of Educational Measurement*, 12, pp. 67-85（1975）

138) J. Novak, D. Gowin: *Learning how to Learn*, Cambridge University Press（1984）

139) A.F.C. Cachapuz, R. Maskill: Detecting changes with learning in the organization of knowledge; Use of word association tests of follow the learning of collision theory, *International Journal of Science Education*, 9, 4, pp. 491-504（1987）

140) 豊田秀樹（編著）：共分散構造分析［Amos編］，東京書籍，p. 63（2007）

141) 豊田秀樹（編著）：共分散構造分析［疑問編］，朝倉書店，pp. 74-75（2003）

142) 左田和幸，松浦正史：技術的な課題の問題解決；松浦正史（編著）：生徒の認識過程に基づく技術科の授業形成，風間書房，pp. 75-86（1997）

143) 石井研二：ホームページアクセスログ解析の教科書，翔泳社（2004）

144) 佐藤学：教育改革をデザインする，岩波書店，pp. 97-128（1999）

145) 佐藤公治：学習の動機づけ・社会的文脈；波多野誼余夫（編）：認知心理学5 学習と発達，東京大学出版会，pp. 221-251（1996）

146) B. Rogoff: Children's Guided Participation and Participatory Appropriation in Sociocultural Activity; R.H. Wozniak, K.W.Fischer（eds.）; *Development in Context*,

Lawrence Erlbaum Associates, pp. 121-154 (1993)
147) A.S. Plincsar, A.L. Brown: Reciprocal Teaching of Comprehension Fostering and Comprehension Monitoring, *Cognition and Instruction*, 12, pp. 117-175 (1984)
148) 大村あつし：かんたんプログラミング ExcelVBA コントロール・関数編, 技術評論社（2002）
149) 村尾卓彌, 今井俊郎, 稲井義正：中学校技術・家庭科「情報とコンピュータ」でのプログラム作成学習のための言語の比較, 教育情報研究, 第20巻, 第3号, pp. 11-21（2004）
150) 高久清吉：教育実践学 教師の力量形成の道, 教育出版, pp. 156-166（1990）

本研究に関連する論文等

第1章　緒　論
　「情報の科学的理解」を問題解決的に育成するプログラミング教育の展望と課題－中学校技術科における実証研究の動向把握を通して－：学校教育研究（兵庫教育大学学校教育研究センター），No.19，79-89頁（2008）

第2章　初歩のプログラミング教育における題材開発
　学ぶ意欲を培う技術・家庭科の学習：平成15年度研究紀要学ぶ意欲を培う教師－生徒一人一人のよさや可能性を伸ばす指導と評価－，信州大学教育学部附属長野中学校・中学校教育研究会，pp.36-49（2003）

第3章　イベントドリブン型の言語を活用したプログラミングにおける問題解決過程の質的分析
　ビジュアルプログラミングにおける問題解決過程の質的分析：教育システム情報学会誌（教育システム情報学会），Vol.23，No.2，pp.135-140（2006）

第4章　イベントドリブン型の言語を活用したプログラミングにおける問題解決過程の構造分析
　オブジェクト指向イベントドリブン型のプログラミングにおける問題解決過程の構造分析－プログラム作成能力との関連に焦点を当てて－：教育情報研究（日本教育情報学会），Vol.22，No.2，pp.3-11（2006）

第5章　イベントドリブン型の言語を活用したプログラミングにおけるプログラム作成能力と知識構造との関連
　Visual Basicを用いた初歩のプログラミングにおけるプログラム作成能力と知識構造との関連：コンピュータ＆エデュケーション（CIEC），Vol.23，pp.107-112（2007）

第6章　イベントドリブン型の言語を活用したプログラミングにおける知識構造と問題解決過程との関連
　オブジェクトベースのGUIイベントドリブン型プログラミングにおける問題解

決過程と知識構造との関連　〜中学校技術科「情報とコンピュータ」における学習指導の場合〜：教育システム情報学会誌（教育システム情報学会），Vol. 25, No. 2, pp. 139-150（2008）

第7章　イベントドリブン型の言語を活用したプログラミングにおける学習を支援するWebコンテンツの開発
　　ビジュアルプログラミングの学習を支援するWebコンテンツの開発　―プログラム作成時の問題解決過程に果たす役割に焦点を当てて―：学校教育研究（兵庫教育大学学校教育研究センター），No. 19, pp. 87-96（2007）

第8章　イベントドリブン型の言語を活用したプログラミングにおける生徒間の相互作用を促す学習支援システムの開発
　　追究者検索システムの開発と活用の事例研究：教育実践研究（信州大学教育学部附属教育実践総合センター），No. 5, pp. 1-10（2004）

第9章　イベントドリブン型の言語を活用したプログラミングにおける生徒の問題解決を促す学習指導の試行的実践
　　Visual Basicを活用したプログラミング学習における生徒の問題解決を支援するオンライン教材の効果：岩手大学教育学部研究年報，第70巻，pp. 89-101（2011）

謝　辞

　本書の刊行にあたっては，実に多くの方々にご指導，ご支援をいただきました。深く感謝いたします。

　本書のスタートは，平成16 (2004) 年日本産業技術教育学会第47回全国大会（岡山）まで遡ります。学会発表した際，質問・コメントをして頂いた先生のおひとりが，兵庫教育大学大学院名誉教授：松浦正史先生でした。この学会発表をきっかけとして，博士課程で研究活動に打ち込みたいという私の無理なお願いを聞き入れて頂き，同大学院博士課程の主指導教員を引き受けて頂くことになりました。先生には，研究の方法・論文のご指導はもちろんのこと，様々な不安を抱える日々，暖かい励ましの言葉を多数かけていただきました。

　本書の共同執筆者・監修者である兵庫教育大学大学院教授：森山潤先生には，博士課程における副指導教員になって頂き，実質的な研究指導をして頂きました。兵庫と長野という物理的な距離がありましたが，スカイプ，メールを活用して遠隔指導をして頂きました。本書の研究は，すべて先生のご指導を得て進めたものであり，先生の力がなければ，本書は刊行できませんでした。

　上越教育大学大学院教授：山崎貞登先生には，博士課程時の副指導教員として，論文の細かい部分に至るところまで，多数ご指導頂きました。ご指導を頂きに上越教育大学へ出掛けた時には，私を同大学の先生方へ丁寧に紹介してくださいました。

　兵庫教育大学大学院教授：小山英樹先生には，博士課程における授業及び公聴会・審査会にて，鳴門教育大学大学院教授：菊地章先生，上越教育大学大学院教授：川崎直哉先生には，公聴会・審査会にてご指導頂きました。

これらの先生のお力添えにより，信州大学教育学部附属長野中学校・長野県教育委員会事務局での激務の中，博士課程における研究をなんとか両立させて，3年間で課程を修了することができました。

　この間，大分大学教授：市原靖士先生，同准教授：島田和典先生，横浜国立大学准教授：鬼藤明仁先生には，兵庫教育大学大学院技術・情報研究室のOBとして，様々なご助言，励ましを頂きました。

　第2章で述べた実践につきましては，信州大学学術研究院教育学系教授：西正明先生，長野県飯田市立緑ヶ丘中学校長：村澤資憲先生（前飯田市教育委員会事務局学校教育専門幹，元長野県教育委員会事務局指導主事）にご指導頂きました。また，平成14（2002）年度～平成17（2005）年度に信州大学教育学部附属長野中学校で一緒に勤務させて頂いた先生方には，様々な視点からご示唆を頂き，分析のお手伝いもして頂きました。当時，全国屈指の激務校でまさに同じ釜の飯を食べた先生方との思い出は今でも鮮明です。当時ご一緒させていただいた先生方は現在，国立教育政策研究所，国立大学及び同附属学校園管理職，長野県教育委員会事務局，長野県内公立諸学校管理職等として全国で活躍されています。このような先生方と4年間一緒に勤務させて頂き，研究に没頭できたことは幸せなことでした。

　各章における調査では，大学生の皆さん，生徒の皆さんに大変お世話になりました。

　出版に当たっては，株式会社風間書房社長：風間敬子様に大変お世話になりました。

　心から感謝申し上げます。

　最後に，私の研究活動をいつも陰で支え，時に力強く肩を押してくれる妻：史枝をはじめ，家族に感謝したいと思います。妻と家族の理解がなければ，本書はおろか，研究者としての今の自分は存在しません。

　このように，多くの人に支えられ今の自分があることに深く感謝し，これらも教育の一研究者として，常に学校現場の教育と乖離することなく，研究

成果を還元できるよう謙虚に努力していきたいと思います。

　平成28年1月

　　　　　　　　　　　　　　　　　　　　　　　　　　宮川洋一

著者略歴

宮川洋一（みやがわ　よういち）第1章〜第10章（執筆責任者・筆頭）
　現職：岩手大学教育学系・准教授　博士（学校教育学）
　専門分野：技術教育学，情報教育学，教育工学
　略歴：1986年　信州大学教育学部卒業
　　　　1986-2002年　長野県公立小中学校・教諭
　　　　1996年　信州大学大学院教育学研究科（修士課程）修了
　　　　2002-2006年　信州大学教育学部附属長野中学校・教諭
　　　　2006-2008年　長野県教育委員会事務局教学指導課（兼）義務教育課・指導主事
　　　　2007-2008年　国立教育政策研究所教育研究情報センター・共同研究員
　　　　2008年　兵庫教育大学大学院連合学校教育学研究科（博士課程）修了
　　　　　　　　博士（学校教育学）
　　　　2008-2009年　長野県総合教育センター・専門主事
　　　　2009年より現職：岩手大学教育学部・同大学院教育学研究科専任教員

森山　潤（もりやま　じゅん）第1章〜第10章（共同執筆・監修）
　現職：兵庫教育大学大学院学校教育研究科・教授　博士（学校教育学）
　専門分野：技術教育学，情報教育学，教育工学
　略歴：1990年　京都教育大学教育学部卒業
　　　　1990-1998年　京都市立伏見中学校，京都教育大学教育学部附属京都中学校・教諭
　　　　1995年　京都教育大学大学院教育学研究科（修士課程）修了
　　　　1995-1997年　国立教育研究所教育情報・資料センター・共同研究員
　　　　1998年　信州大学教育学部・助教授
　　　　2002年　博士（学校教育学）兵庫教育大学大学院連合学校教育学研究科
　　　　2003年　兵庫教育大学学校教育学部・助教授（2007年〜同大学院・准教授）
　　　　2011年より現職

　　　　学習者の思考力を高めるプログラミング教育の学習支援
　　　　2016年2月25日　初版第1刷発行

　　　　　　　　　　　著　者　　宮　川　洋　一
　　　　　　　　　　　　　　　　森　山　　　潤

　　　　　　　　　　　発行者　　風　間　敬　子

　　　発行所　　株式会社　風　間　書　房
　　　　　　〒101-0051　東京都千代田区神田神保町1-34
　　　　　　　　電話 03(3291)5729　FAX 03(3291)5757
　　　　　　　　　　　振替 00110-5-1853

　　　　　　　　印刷　太平印刷社　　製本　井上製本所

Ⓒ2016　Yoichi Miyagawa　Jun Moriyama　　　　NDC 分類：375
ISBN978-4-7599-2120-5　　Printed in Japan

JCOPY　〈(社)出版者著作権管理機構　委託出版物〉

本書の無断複製は，著作権法上での例外を除き禁じられています。複製される場合はそのつど事前に(社)出版者著作権管理機構（電話 03-3513-6969，FAX 03-3513-6979，e-mail:info@jcopy.or.jp）の許諾を得てください。